Proactive,
interactive,
and authentic
learning

学びが生まれる
場の創造

教育方法・ICT活用論

中橋 雄
Yu NAKAHASHI

北樹出版

は　じ　め　に

　これからの社会を担う子供たちに求められる資質・能力を育成するために必要な教育方法とICT活用の在り方とは、どのようなものだろうか？　本書では、その問いについて考える。具体的には「教育の方法」「教育の技術」「情報機器及び教材の活用」「ICTを効果的に活用した学習指導や校務の推進」「情報活用能力（情報モラルを含む。）を育成するための指導法」などについて扱う。

　ICTとは、Information and Communication Technologyのことで、その頭文字をとったものである。日本語では、「情報通信技術」という言葉があてはまる。デジタル技術によって成り立っているコンピュータ、デジタルカメラ、プロジェクタ、実物投影機、インターネットなどが、コミュニケーションのための技術として用いられる場合に、それらを総称してICTと呼ぶ。ICTは、教育方法の可能性を拓くものとして、その活用方法が研究されてきた。

　本書の主な読者層は、教職課程においてICTの活用も含む教育方法に関して学ぼうとする大学生・大学院生ということになるだろう。また、教育の在り方を捉え直し、自らの教育実践に磨きをかけようとする教師や教員研修の担当者にとっても役立つ内容である。加えて、本書の内容は、現職の教師や教師を目指す人以外にも知ってもらいたいと考えている。

　人は誰もが学び、教える存在となり得る。本書での学びを自他の成長に活かしてもらいたい。また、社会に開かれた教育課程を実現させるためには、学校教育に直接従事している人だけでなく、社会に属する多くの人が教育方法・ICT活用についての理解を深め、学校教育を支えていく必要がある。そのためにも本書が活かされることを期待したい。

　本書の特色は、単なる知識理解のための解説書ではなく、現状を理解した上で、その課題を批判的に乗り越え、新たな学びが生まれる場を創造できるような実践力の育成を目指す点にある。そのために、問いを提示し、思考を促し、解説を行う形式とする。章の初めに「教育方法について考える」という問いが

ある。

　まず、章の内容を読む前に自分ならどうするかを考えてもらいたい。そこで明確な答えをまとめる必要はないが、そのことについて考えながら読み進め、本文に書かれていることを読んだ上で改めて問いについて考えてほしい。本書には、問いに対する答えではなく、考える手掛かりを書いたつもりである。

　自分の回答については、できるだけ他の人が考え出した回答と比較することが望ましい。提示した問いは、答えが１つに決まるようなものではない。他者のものの見方・考え方・表現の仕方から学び取ることに、価値がある。

　そうしたことを通じて、自分の考えに自信がもてるようになることも含め、自分の中にある考えが変化したとするなら、それが得られた学びであり、成長だと考えることができる。そして、これからの社会を担う子供たちのために、得られた知を活かしてもらいたい。

　本書には、先人が蓄積してきた知見だけでなく、多くの授業を参観させていただいた経験や、他者との相互作用を通じて考えたことが随所に含まれている。よい刺激を与えていただいた皆さんに感謝申し上げたい。また、本書を刊行するにあたりお世話になった、北樹出版の福田千晶さんに謝意を表したい。

2023年 7 月15日

中橋　雄

目　　次

第1章　教育方法・ICT活用について学ぶ意義……………………………………*12*

　1．教育方法・ICT活用について学ぶ目的　*12*

　2．本書の構成　*13*

　3．教育方法・ICT活用について学ぶ意義　*16*

第2章　教育方法の基礎的理論と実践…………………………………………………*18*

　1．教育とは何か　*18*

　2．学習指導要領の変遷　*19*

　3．教育方法・ICT活用について学ぶ　*22*

　4．教育方法の理論と実践　*24*

第3章　資質・能力を育成する教育方法………………………………………………*28*

　1．学習指導要領改訂の方向性　*29*

　2．育成すべき資質・能力　*31*

　3．主体的・対話的で深い学びの視点からの授業改善　*32*

　　⑴　「主体的な学び」の視点（*34*）　⑵　「対話的な学び」の視点（*34*）　⑶　「深い学び」の視点（*35*）

　4．学び続ける教師　*36*

　　⑴　見通しをもって、粘り強く取り組む力が身に付く授業に（*37*）　⑵　自分の学びを振り返り、次の学びや生活に生かす力を育む授業に（*37*）　⑶　周りの人たちと共に考え、学び、新しい発見や豊かな発想が生まれる授業に（*38*）　⑷　一つ一つの知識がつながり、「わかった！」「おもしろい！」と思える授業に（*38*）

第4章　授業を構成する基礎的な要件…………………………………………………*41*

　1．授業を構成する要件について学ぶ意義　*41*

　2．授業を規定する前提と教育内容　*43*

　3．授業を構成する要素　*45*

　　⑴　学習者と教師（*45*）　⑵　学習環境（*47*）　⑶　学校文化と学級文化（*49*）

　4．同じ文化を共有する学級で学ぶ意義　*51*

第5章　学習評価の基礎的な考え方 ··54

1．なぜ評価をするのか　*54*

2．相対評価と絶対評価　*55*

3．評価規準と評価基準　*57*

4．評価の方法　*58*

5．真正の学びとパフォーマンス評価　*59*

6．自己評価と相互評価　*60*

7．目標と評価の関係　*62*

8．診断的評価、形成的評価、総括的評価　*64*

9．学習評価の考え方と構造　*64*

第6章　ICT活用の意義と在り方 ··67

1．社会状況の変化とICT　*67*

2．主体的・対話的で深い学びとICTの活用　*68*

3．新しい時代の初等中等教育の在り方　*71*

⑴　指導の個別化としての個別最適な学び（*71*）⑵　学習の個性化としての個別最適な学び（*72*）⑶　協働的な学び（*73*）

4．ICT活用の意義と在り方　*74*

5．メディア・リテラシーの必要性　*76*

第7章　特別支援とICT ··79

1．特別支援教育とは　*79*

2．必要とされる支援とICT　*81*

3．学習上の困難さを改善するICT活用　*83*

⑴　視覚障害（*84*）⑵　聴覚障害（*85*）⑶　肢体不自由（*85*）⑷　病弱（*86*）⑸　知的障害（*86*）⑹　発達障害（*87*）

4．特別支援教育におけるICT活用の留意点　*87*

第8章　ICT環境整備と外部連携の在り方 ··91

1．ICT環境整備に関わる計画と予算措置　*91*

2．学校における教育の情報化の実態等に関する調査　*96*

３．教育におけるICT環境を構成するもの　*96*

(1)　教育用コンピュータ（*98*）　(2)　大型提示装置（*98*）　(3)　書面カメラ・実物投影機（*99*）
(4)　インターネット環境（*99*）　(5)　校内ネットワーク（*100*）　(6)　授業支援システム（*100*）
(7)　クラウドサービス（*100*）　(8)　デジタル教科書・教材（*101*）　(9)　テレビ会議システム
（*101*）　(10)　校務支援システム（*102*）

４．外部連携の在り方　*103*

(1)　ICT活用教育アドバイザー（学校DX戦略アドバイザー）（*103*）　(2)　GIGAスクールサポー
ター（*104*）　(3)　ICT支援員（*104*）

第9章　ICTを活用した教育方法と指導上の留意点……………………………………*107*

１．教育におけるICT活用　*108*

２．ICT活用の可能性と留意点　*109*

(1)　教師による教材の提示（*109*）　(2)　個に応じる学習（*110*）　(3)　調査活動（*110*）　(4)　思
考を深める学習（*111*）　(5)　表現・制作（*111*）　(6)　家庭学習（*112*）　(7)　発表や話し合い
（*112*）　(8)　協働での意見整理（*113*）　(9)　協働制作（*113*）　(10)　遠隔地や海外の学校等との
交流学習（*114*）

３．学習者用デジタル教科書・教材を活用した教育　*116*

第10章　教育データ活用と校務の情報化……………………………………………………*119*

１．教育データとは何か　*119*

２．教育データの活用方法　*122*

(1)　学習指導を充実させるためのデータ活用（*122*）　(2)　生活指導の充実に関するデータ活
用（*123*）　(3)　保護者へ情報提供するデータ活用（*124*）　(4)　学校経営に関するデータ活用
（*124*）

３．校務の情報化と教育改善　*125*

４．教育情報セキュリティの重要性　*126*

５．先導的な研究の成果と普及に向けて　*126*

(1)　協働学習におけるデータ活用（*127*）　(2)　個別指導におけるデータ活用（*127*）　(3)　教
師の研修支援におけるデータ活用（*127*）

６．教育データ利活用の目指すべき姿　*128*

第11章　遠隔・オンライン教育……………………………………………………………………*131*

１．遠隔・オンライン教育とは　*131*

２．遠隔・オンライン教育の形式　*132*

　　3．遠隔・オンライン教育の活用例　*133*

　　　⑴　多様な人々とのつながりを実現する遠隔教育（*134*）　⑵　教科等の学びを深める遠隔教育（*134*）　⑶　個々の学習者の状況に応じた遠隔教育（*135*）　⑷　家庭学習を支援する遠隔・オンライン学習（*136*）　⑸　遠隔教員研修（*136*）

　　4．遠隔・オンライン教育の授業設計　*138*

　　　⑴　学校間交流学習の事例（*138*）　⑵　専門家とつなぐ事例（*140*）

　　5．遠隔・オンライン教育における指導上の留意点　*142*

第12章　情報活用能力 ··*144*

　　1．情報活用能力とは　*144*

　　2．資質・能力としての情報活用能力　*146*

　　3．教科・領域におけるコンピュータの活用　*149*

　　4．情報活用能力の要素を満たすカリキュラム・マネジメント　*152*

　　5．情報活用能力の変遷とメディア・リテラシーの接点　*153*

　　6．情報活用能力とその教育方法を捉え直す重要性　*155*

第13章　情報モラル ···*157*

　　1．情報モラルとは　*157*

　　2．何を考える学習活動が必要か　*159*

　　　⑴　情報発信による他人や社会への影響について考えさせる学習活動（*160*）　⑵　ネットワーク上のルールやマナーを守ることの意味について考えさせる学習活動（*161*）　⑶　情報には自他の権利があることを考えさせる学習活動（*161*）　⑷　情報には誤ったものや危険なものがあることを考えさせる学習活動（*161*）　⑸　情報セキュリティの重要性とその具体的対策を考えさせる学習活動（*162*）　⑹　健康を害するような行動について考えさせる学習活動（*162*）

　　3．情報モラルの教育方法　*163*

　　4．情報モラル教材の活用　*165*

第14章　指　導　技　術 ···*169*

　　1．指導技術とは　*169*

　　2．学習目標と活動の流れを明確化する　*170*

　　3．全体に指示を通す　*171*

　　4．全体提示とノート指導　*173*

　　5．授業改善のための机間指導　*176*

　　6．個に応じた学び方と一斉指導の関連　*178*

　　7．発問の種類　*179*

第15章　学習指導案の作成……………………………………………………*183*

　　1．学習指導案とは　*183*

　　2．授業設計の考え方　*184*

　　　⑴　出入り口を決める（学習目標とテスト）*(186)*　⑵　中の構造を見極める（課題分析）*(187)*　⑶　教え方を考える（指導方略）*(188)*　⑷　授業を作る（授業開発）*(188)*　⑸　授業を改善する（形成的評価と改善）*(189)*

　　3．望ましい教育方法の在り方を考える　*190*

　　索　　引　*193*

Proactive, interactive, and authentic learning

学びが生まれる
場の創造

教育方法・ICT活用論

01

教育方法・ICT活用
について学ぶ意義

【本章の概要】 本章では、教育方法・ICT活用について学ぶ目的と学習内容の構成について確認した上で、それについて学ぶ意義について考える。

【教育方法について考える】 教師になるために教職課程の科目を履修しようとする大学生になったつもりで、考えてもらいたい。親から「教育方法・ICT活用についての科目があるけれど、授業の仕方は授業を受けてきたから知っているはずだし、ICT活用って他にコンピュータの授業もあるよ。この授業では、どんなことを学ぶの？」と素朴な疑問を投げかけられた。あなたなら、教育方法・ICT活用の学習内容とそれを学ぶ意義についてどのように説明するだろうか。

1．教育方法・ICT活用について学ぶ目的

　教育方法・ICT活用について学ぶ目的は、これからの社会を担う子供たちに求められる資質・能力を育成するために必要な「教育の方法」「教育の技術」「情報機器及び教材の活用」「ICTを効果的に活用した学習指導や校務の推進」「情報活用能力（情報モラルを含む。）を育成するための指導法」などについての基礎的な知識・技能を身に付けることである。本書で学ぶことを通じて、読者が、教授・学習の在り方について理解を深め、自らの考えを提案できるようになることを目指す。

　具体的には、以下の6項目を学習到達目標とする。

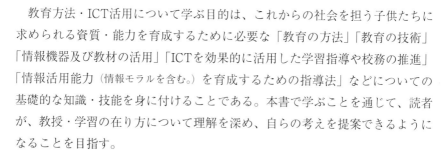

・これからの社会を担う子供たちに求められる資質・能力を育成するために必要とされている教育の方法について説明できること

・教育の目的に適した指導技術の在り方について説明できること
・情報機器を活用した効果的な授業や情報活用能力の育成を視野に入れた授業の指導案と教材を作成できること
・ICT活用の意義と理論について説明できること
・ICTを効果的に活用した学習指導の在り方や校務の推進の在り方について説明できること
・児童及び生徒に情報活用能力（情報モラルを含む。）を育成するための基礎的な指導法について説明できること

　これらの目標は、教職課程コアカリキュラム「教育の方法及び技術」「情報通信技術を活用した教育の理論及び方法」の一般目標に対応している。教職課程コアカリキュラムは、「教育職員免許法及び同施行規則に基づき全国すべての大学の教職課程で共通的に修得すべき資質能力を示すもの」である（教職課程コアカリキュラムの在り方に関する検討会　2017）。これらの目標と本書の構成との対応関係を表1-1に示した（文部科学省　2021）。

２．本書の構成

　以下では、本書の構成について説明する。
　2章では、「教育方法の基礎的理論と実践」について学ぶ。3章では、「これからの社会を担う子供たちに求められる資質・能力を育成するための教育方法の在り方（主体的・対話的で深い学びの実現など）」について学ぶ。4章では、「学級・児童及び生徒・教員・教室・教材など授業を構成する基礎的な要件」について学ぶ。5章では、「学習評価の基礎的な考え方」について学ぶ。以上のことを通じて、これからの社会を担う子供たちに求められる資質・能力を育成するために必要な教育の方法を理解する。
　6章では、「社会的背景の変化や急速な技術の発展も踏まえ、個別最適な学びと協働的な学びの実現や、主体的・対話的で深い学びの実現に向けた授業改善の必要性など、情報通信技術の活用の意義と在り方」について学ぶ。7章で

表1-1　**教職課程コアカリキュラムと本書の対応**（（文部科学省　2021）を参考に著者作成）

全体目標		一般目標	到達目標	本書との対応
教育の方法及び技術（情報機器及び教材の活用を含む。）	教育の方法及び技術（情報機器及び教材の活用を含む。）ではこれからの社会を担う子供たちに求められる資質・能力を育成するために必要な、教育の方法、教育の技術、情報機器及び教材の活用に関する基礎的な知識・技能を身に付ける。	(1)　教育の方法論これからの社会を担う子供たちに求められる資質・能力を育成するために必要な教育の方法を理解する。	1）教育方法の基礎的理論と実践を理解している。	第2章　教育方法の基礎的理論と実践
			2）これからの社会を担う子供たちに求められる資質・能力を育成するための教育方法の在り方（主体的・対話的で深い学びの実現など）を理解している。	第3章　資質・能力を育成する教育方法
			3）学級・児童及び生徒・教員・教室・教材など授業・保育を構成する基礎的な要件を理解している。	第4章　授業を構成する基礎的な要件
			4）学習評価の基礎的な考え方を理解している。※幼稚園教諭は「育みたい資質・能力と幼児理解に基づいた評価の基礎的な考え方を理解している。」	第5章　学習評価の基礎的な考え方
		(2)　教育の技術教育の目的に適した指導技術を理解し、身に付ける。	1）話法・板書など、授業・保育を行う上での基礎的な技術を身に付けている。	第14章　指導技術
			2）基礎的な学習指導理論を踏まえて、目標・内容、教材・教具、授業・保育展開、学習形態、評価規準等の視点を含めた学習指導案を作成することができる。	第15章　学習指導案の作成
		(3)　情報機器及び教材の活用情報機器を活用した効果的な授業や情報活用能力の育成を視野に入れた適切な教材の作成・活用に関する基礎的な能力を身に付ける。	1）子供たちの興味・関心を高めたり課題を明確につかませたり学習内容を的確にまとめさせたりするために、情報機器を活用して効果的に教材等を作成・提示することができる。※幼稚園教諭は「子供たちの興味・関心を高めたり学習内容をふりかえったりするために、幼児の体験との関連を考慮しながら情報機器を活用して効果的に教材等を作成・提示することができる。」	第9章　ICTを活用した教育方法と指導上の留意点
			2）子供たちの情報活用能力（情報モラルを含む）を育成するための指導法を理解している。	第12章　情報活用能力第13章　情報モラル
情報通信技術を活用した教育の理論及び方法	情報通信技術を活用した教育の理論及び方法では、情報通信技術を効果的に活用した学習指導や校務の推進の在り方並びに児童及び生徒に情報活用能力（情報モラルを含む。）を育成するための指導法に関する基礎的な知識・技能を身に付ける。	(1)情報通信技術の活用の意義と理論情報通信技術の活用の意義と理論を理解する。	1）社会的背景の変化や急速な技術の発展も踏まえ、個別最適な学びと協働的な学びの実現や、主体的・対話的で深い学びの実現に向けた授業改善の必要性及び、情報通信技術の活用の意義と在り方を理解している。	第6章　ICT活用の意義と在り方
			2）特別の支援を必要とする児童及び生徒に対する情報通信技術の活用の意義と活用に当たっての留意点を理解している。	第7章　特別支援とICT
			3）ICT支援員などの外部人材や大学等の外部機関との連携の在り方、学校におけるICT環境の整備の在り方を理解している。	第8章　ICT環境整備と外部連携の在り方
		(2)　情報通信技術を効果的に活用した学習指導や校務の推進情報通信技術を効果的に活用した学習指導や校務の推進の在り方について理解する。	1）育成を目指す資質・能力や学習場面に応じた情報通信技術を効果的に活用した指導事例（デジタル教材の作成・利用を含む。）を理解し、基礎的な指導法を身に付けている。	第9章　ICTを活用した教育方法と指造上の留意点
			2）学習履歴（スタディ・ログ）など教育データを活用して指導や学習評価に活用することや教育情報セキュリティの重要性について理解している。	第10章　教育データ活用と校務の情報化
			3）遠隔・オンライン教育の意義や関連するシステムの使用法を理解している。	第11章　遠隔・オンライン教育
			4）統合型校務支援システムを含む情報通信技術を効果的に活用した校務の推進について理解している。	第10章　教育データ活用と校務の情報化
		(3)　児童及び生徒に情報活用能力（情報モラルを含む。）を育成するための指導法児童及び生徒に情報活用能力（情報モラルを含む。）を育成するための基礎的な指導法を身に付ける。	1）各教科、道徳、特別活動、総合的な学習の時間（以下「各教科等」という。）において、横断的に育成する情報活用能力（情報モラルを含む。）について、その内容を理解している。	第12章　情報活用能力第13章　情報モラル
			2）情報活用能力（情報モラルを含む。）について、各教科等の特性に応じた指導事例を理解し、基礎的な指導法を身に付けている。	第12章　情報活用能力第13章　情報モラル
			3）児童に情報通信機器の基本的な操作を身に付けさせるための指導法を身に付けている。※小学校教諭	第12章　情報活用能力

は、「特別な支援を必要とする児童及び生徒に対する情報通信技術の活用の意義と活用に当たっての留意点」について学ぶ。8章では、「ICT支援員などの外部人材や大学等の外部機関との連携の在り方、学校におけるICT環境の整備の在り方」について学ぶ。以上のことを通じて、情報通信技術の活用の意義と理論を理解する。

　9章では、「育成を目指す資質・能力や学習場面に応じた情報通信技術を効果的に活用した指導事例（デジタル教材の作成・利用を含む。）を理解し、基礎的な指導法」について学ぶ。10章では、「学習履歴（スタディ・ログ）など教育データを活用して指導や学習評価に活用することや教育情報セキュリティの重要性」と「統合型校務支援システムを含む情報通信技術を効果的に活用した校務の推進」について学ぶ。11章では、「遠隔・オンライン教育の意義や関連するシステムの使用法」について学ぶ。以上のことを通じて、情報通信技術を効果的に活用した学習指導や校務の推進の在り方について理解する。

　12章では、「各教科、道徳、特別活動、総合的な学習の時間において、横断的に育成する情報活用能力の内容と指導事例、基礎的な指導法及び情報通信機器の基本的な操作を身に付けさせるための指導法」について学ぶ。13章では、「各教科、道徳、特別活動、総合的な学習の時間において、横断的に育成する情報モラルの内容と指導事例、基礎的な指導法」について学ぶ。以上のことを通じて、児童及び生徒に情報活用能力（情報モラルを含む。）を育成するための基礎的な指導法を身に付ける。

　14章では、「話法・板書など、授業を行う上での基礎的な技術」について学ぶ。15章では、「基礎的な学習指導理論を踏まえて、目標・内容、教材・教具、授業展開、学習形態、評価規準等の視点を含めた学習指導案を作成する」方法について学ぶ。以上のことを通じて教育の目的に適した指導技術を理解し、身に付ける。

３．教育方法・ICT活用について学ぶ意義

　教育方法・ICT活用について学ぶことには、どのような意義があるのだろうか。もちろん、教職に就くためには、学習者に対して専門的かつ適切な指導を行うために教育方法・ICT活用について学ぶ意義があると考えられる。また、人は誰でも学び、成長する。成長を望む人を支援できることや、自分の学びを振り返り自己の成長に活かすことは、教育方法・ICT活用について学ぶ意義の１つといえるだろう。また、教職に就いているかどうかに関わらず、この社会に属する一員として、これからの教育のあるべき姿を考えるためには、教育方法・ICT活用に関するこれまでの歴史と現状を知っておく必要があるだろう。

　このように、その意義についてはいろいろと考えることはできると思うが、実は「教育方法・ICT活用について学ぶことには、どのような意義があるのか」ということを考えること自体が、教育方法・ICT活用について学ぶ意義だともいえる。なぜなら、教育方法・ICT活用については、これまでに様々な方法が考案され、蓄積されてきたが、完璧なものは存在しないからである。それは、時代背景・社会背景などによって望ましい教育の在り方が１つに決まるものではないということや、試行錯誤や技術開発によって新たな教育方法の可能性が開かれることなどがあるためだ。

　平成29・30・31年に改訂された学習指導要領では、「何を学ぶか」だけではなく「何ができるようになるか」「どのように学ぶか」を重視した考え方が示されている。育成することを目指す資質・能力は、「実際の社会や生活で生きて働く知識及び技能」「未知の状況にも対応できる思考力、判断力、表現力など」「学んだことを人生や社会に生かそうとする学びに向かう力、人間性など」の３つに整理された。教師には、「主体的・対話的で深い学び」を実現するための授業改善が求められている（文部科学省　2017）。

　それと関連して、学校の学習環境は大きく変化している。具体的には、文部科学省「GIGAスクール構想」に基づいて１人１台端末と高速インターネット

などの整備と活用が進められている。それに伴い、転送・分割提示、相互閲覧・コメント、共同編集などを可能にする授業支援システムや学習者用デジタル教科書・デジタル教材、AIドリル教材、CBT（Computer Based Testing）システムなどの開発・普及も進められている。地域によっては、常に学習に活かせるよう端末を家庭に持ち帰る取り組みも行われている。また、教育データを活用して授業改善を行う取り組みについても検討が進められている（中橋　2023）。

　学校現場におけるICT活用が、着実に進められている中で、教育の目的や方法も複雑に変化している。試行錯誤の中でうまくいかなかった授業実践も数多く存在していると考えられるが、そうした反省も含め得られた成果が受け継がれ、教育のためのICT環境も教師の授業力も進化し続けてきた。常に不完全な状態だからこそ、新しいものが創造される。新しいものを創造するためには、これまでの蓄積を活かす必要がある。これまでと同じ失敗を繰り返さないために、また、新たな進化を遂げるために、先人の知恵から学び、教育そのものの在り方を問い直していくことが重要だといえる。そこに、教育方法・ICT活用について学ぶ意義があると考えられる。

【引用文献・参考文献】（URLは、2023年 7 月15日確認）

教職課程コアカリキュラムの在り方に関する検討会（2017）「教職課程コアカリキュラム」https://www.mext.go.jp/b_menu/shingi/chousa/shotou/126/houkoku/1398442.htm

文部科学省（2017）「小学校学習指導要領（平成 29 年告示）解説」http://www.mext.go.jp/a_menu/shotou/new-cs/1387014.htm

文部科学省（2021）「教育職員免許法施行規則等の一部を改正する省令の施行等について（通知）」https://www.mext.go.jp/content/20210810-mxt_kyoikujinzai02-000017343_3.pdf

中橋　雄（2023）「学習者用１人１台情報端末環境における授業設計を行う上での留意点」『公益財団法人日本教材文化研究財団　研究紀要』52，pp.15－21

教育方法の基礎的理論と実践

【本章の概要】 本章では、「これからの社会を担う子供たちに求められる資質・能力を育成するために必要な教育の方法を理解する」ために「教育方法の基礎的理論と実践」について学ぶ。

【教育方法について考える】 教師になったつもりで、考えてみてほしい。まず、これまで世の中が理想としてきた授業において、学習者の学習を助けるために、どのような教え方の工夫が提案されてきたか、思いつく限り書き出してみよう。もしあなたが授業をするならば、その中からどの教育方法を取り入れるだろうか？ あなたが特に取り入れたいと考える教育方法を選び、その理由を説明してもらいたい。

1．教育とは何か

　まず、「教育とは何だろうか？」という問いについて考えたことを書き出してもらいたい。教育とは何かと考えた時に、誰もが思い浮かべるのは、自分が受けてきた教育のイメージであろう。例えば、学校の教室に学習者が集まり、教科書に書いてある内容について教師が説明し、黒板に板書したことをノートに書きとめながら授業を受けた経験などを思い出して、そういうものだと書くのではないだろうか。こうして自分がイメージした教育が、教育であるということに疑いをもつことは、あまりないかもしれない。しかし、本当にそうなのだろうか？ 教育には自分が考えるイメージと別の側面があるのではないか。このように、自分があたり前だと思っていることに疑問をもつことから始めてもらいたい。実は、自分の思い描く教育の姿は、自分の経験から知り得た一側面でしかなく、他の人は全く異なる経験から別の教育の姿をイメージするかも

しれない。

　次に「教育とは何だろうか？」ということについて、人はどのように考えてきたのか、ということと向き合う必要がある。例えば、広田（2009）は、「教育とは、誰かが意図的に、他者の学習を組織化しようとすることである」と定義している。言葉の定義は、それを覚えておけばよいというものではない。この定義の意図はどのようなところにあるのかと考えていくことが重要である。この定義において重要なことは、教育には教える側の意図が存在するということである。つまり、何をどのように学ばせるかということについては、人それぞれに意図があり、学力観や教育の在り方に関する論争が行われてきた歴史がある。つまり、自分が受けてきた教育は、その時代における議論の中で構成されたものであり、別の時代においてはそれとは異なる「よい教育」が存在していると考えることができる。何をもって「よい教育」と考えるか、自分にとってはどうか、社会にとってはどうか、といったように問い直していくことが重要である。

　また、本書は、学校教育を対象としたものであるが、教育は、学校教育だけで完結するものではない。教育の場、学びの場は、学校だけに限定されるものではなく、企業での社会人教育もあれば、学校外の社会教育、家庭内での家庭教育、塾での教育など、様々な教育の場がある。また、「○○教育」とは言っていなくても、人は、生きて生活しているだけで、多くのことに興味関心をもち、学んでいるといえる。学校教育においては、その多様な学びの場とのつながりを意識して、生涯にわたって学び続ける学習者を育てることが重要である。

2．学習指導要領の変遷

　学校教育における教育や教育方法について考えるために、学習指導要領に目を通してもらいたい。日本の学校教育は、「学習指導要領」に基づいて教育が行われている。「学習指導要領」は、全国どこの学校でも一定の水準が保てるよう、文部科学省が定めている教育課程（カリキュラム）の基準である。現在で

は、インターネット上に公開されていて、誰でも閲覧することができる。

　学習指導要領においては、教育課程全般にわたる配慮事項や授業時数の取扱いなどを「総則」で定めるとともに、各教科等のそれぞれについて、目標、内容、内容の取扱いを規定している。教科書や時間割は、これを基に作られている。そのため、学校教育に関わる人は、その内容を理解する必要がある。

　学習指導要領は、誰がどのように作っているのだろうか。現在実施されている学習指導要領が作られたプロセスは、文部科学省のWebサイトで確認できる。まず、文部科学大臣から中央教育審議会に「諮問（有識者に対し、ある問題について意見を尋ね求めること）」する。つまり、中央教育審議会の委員によって、これからの時代の教育の在り方が審議され、方向性が検討される。その結果として「中央教育審議会教育課程部会審議のまとめ」が公表され、一般の人からの意見（パブリックコメント）を受け付ける。そして、中央教育審議会は、「諮問」に対する意見として「答申」をまとめる。それを受けて、文部科学省が、学習指導要領改訂案を公表して、一般の人からの意見（パブリックコメント）を受け付ける。それを踏まえた上で、改訂版の学習指導要領が告示される。

　学習指導要領は、1947（昭和22）年に試案が作られ、1958（昭和33）年の改訂以降、法的拘束力をもつようになった。そして、教育が時代に対応したものになるように、およそ10年に1度改訂されてきた。表2-1は、学習指導要領の改訂ごとの特徴を整理したものである。教育が目指すことは、時代によって変遷してきた。例えば、「学習者中心」か「教師中心」かといった考え方について、時代によって重点の置かれ方が異なる。

　現在実施されている学習指導要領は、小中学校では2017（平成29）年3月、高等学校では2018（平成30）年3月に改訂されたものである。この学習指導要領改訂には、様々な特徴がある。その中の1つに、「何を学ぶか」だけでなく「何ができるようになるか」を重視し、「どのように学ぶか」を明記したことがある。そして、「どのように学ぶか」は、「主体的・対話的で深い学びの視点からの授業改善」という内容で説明されている。

　このようにして作られた学習指導要領は、多くの人々が議論を重ねて整理し

表2-1　学習指導要領の変遷

（文部科学省　https://www.mext.go.jp/a_menu/shotou/new-cs/idea/1304360_002.pdfを参考に著者作成）

改訂時期	
1958〜1960（昭和33〜35）年改訂	教育課程の基準としての性格の明確化 （道徳の時間の新設、基礎学力の充実、科学技術教育の向上等） （系統的な学習を重視）
1968〜1970（昭和43〜45）年改訂	教育内容の一層の向上（「教育内容の現代化」） （時代の進展に対応した教育内容の導入） （算数における集合の導入等）
1977〜1978（昭和52〜53）年改訂	ゆとりある充実した学校生活の実現＝学習負担の適正化 （各教科等の目標・内容を中核的事項に絞る）
1989（平成元）年改訂	社会の変化に自ら対応できる心豊かな人間の育成 （生活科の新設、道徳教育の充実）
1998〜1999（平成10〜11）年改訂	基礎・基本を確実に身に付けさせ、自ら学び自ら考える力などの［生きる力］の育成 （教育内容の厳選、「総合的な学習の時間」の新設）
2003（平成15）年一部改正	学習指導要領のねらいの一層の実現 （例：学習指導要領に示していない内容を指導できることを明確化、個に応じた指導の例示に小学校の習熟度別指導や小・中学校の補充・発展学習を追加）
2008〜2009（平成20〜21）年改訂	「生きる力」の育成、基礎的・基本的な知識・技能の習得、思考力・判断力・表現力等の育成のバランス （授業時数の増、指導内容の充実、小学校外国語活動の導入）
2015（平成27）年一部改正	道徳の「特別の教科」化 「答えが一つではない課題に子供たちが道徳的に向き合い、考え、議論する」道徳教育への転換
2017〜2018（平成29〜30）年改訂	「生きる力」の育成を目指し資質・能力を三つの柱（※）で整理、社会に開かれた教育課程の実現 （※）「知識及び技能」、「思考力、判断力、表現力等」、「学びに向かう力、人間性等」 （「主体的・対話的で深い学び」（アクティブ・ラーニング）の視点からの授業改善、カリキュラム・マネジメントの推進、小学校外国語科の新設等）

た「これからの時代に必要とされる教育の内容や方法」が反映されたものである。それだけに理想的な教育の方針といえるかもしれない。「示された目標を実現できずに失敗に終わる」ということにならないために、その実現に向けて

最善を尽くすことが重要になる。その一方で、限られた関係者によって決められた1つの方向性・考え方でしかなく、もっと別の方向性が望ましいということもあるかもしれないと捉えておくことは重要である。何が正解だったかは、歴史的な積み重ねでしか判断することはできない。反省を活かして、改善していくための情報を蓄積していくことが望ましい。

　学習指導要領によって方向性が示され、それを実現するための教科書、教材、教具などを含む学習環境が整えられる。その限定された状況の中で、教師には、学習者の学習を支援する授業設計を行うことが求められる。具体的なレベルでICTの活用を含む教育方法を選択して、指導を行うことになる。

3．教育方法・ICT活用について学ぶ

　では、教師になるために教育方法・ICT活用について学ぶというのはどういうことなのだろうか？　もしかすると、教育の方法や教育におけるICTの活用方法について何らかの理想的な方法があって、そのノウハウを身に付けることだと思うかもしれないが、そうではない。むしろ、まずは「唯一絶対の理想的なやり方など存在しない」ということを学ぶという方が適切かもしれない。そして、「教育方法・ICT活用の在り方を考えることの重要性」について学ぶということになるのだと考えてもらいたい。

　なぜなら、教育方法・ICT活用は、誰が何を学ぶのかによって理想的な在り方は変わるからだ。例えば、学校教育においては、学習指導要領に基づく教育課程が、「誰が」「何を学ぶのか」ということを規定している。しかし、時代背景に対応して学習指導要領の内容が変化していることを考えれば、望ましい教育方法も異なるものとなる。

　望ましい教育方法とは何かといった時、教育とは何か、指導とは何か、学習とは何か、学力とは何かといったことについて、これまでにどのような議論があって、今に至るのかを知る必要がある。教育、指導、学習、学力とは、どういうものか、どうあるべきかという考え方、つまり、教育観、指導観、学習観、

学力観は、同じ時代を生きていても人それぞれ異なる場合がある。どのような考えが重視されてきたかということについては歴史的な変遷を確認することができる。私たちはどこからきて、どこへ向かおうとしているのかを考えていく営みが重要である。例えば、「今の時代、学校は必要ないと思います」と提案している人がいたら、どう思うだろうか？　特に不満もなくあるのがあたり前だと思っている人からすると、「何でそんなことを考える人がいるのか」と混乱するだろう。しかし、学校での学びを代替する場所やそれを超える学びを提供してくれる場所があるとしたらどうだろうか。いやそうは言っても学校のよさはあるはずだと考えてみて、初めて「学校とは何だろうか」と、その在り方を問い直すことができるだろう。このように、あたり前になっていることにも疑問をもって考えてみてもらいたい。

　次に考えてもらいたいのは、同じことを学ぶ場合でも、学習者によって、望ましい教育方法は異なるということである。学年が同じだとしても、１人１人がもつ特性は異なるので、同じ内容を学ぶにしても、学習のペースは人それぞれ異なることがある。納得できるまでじっくり考えて理解して時間をかけて進みたい人もいれば、十分納得できなくてもそういうものと理解して時間をかけずに先に進まないと退屈してしまうという人もいる。また、適した学習方法が異なる場合がある。例えば、文字を読んで学ぶ方がよい人もいれば、説明を聴いて学ぶ方がよい人もいる。

　学習者の側からすると自分に適した学習の方法を選択する必要があるということになるし、教師の側からすると個に応じた指導を行う必要があるということになる。学習者が学習の方法を選択できるようにするということは、学習者が学習の方法を自由に選択できる環境を与え、好き勝手に選ばせるという意味ではない。多様な学習方法があることを理解した上で、根拠をもって選択できるようにする必要がある。教師としては、学習者自身が目的に応じて学習の方法を選択できるような指導を行うことが重要になる。

4．教育方法の理論と実践

　これまでどのような場合にどのような教育方法が成果を上げてきたか、また、失敗してきたかということを知ることは、どのような方法が適切かを選択したり、新しい教育方法を生み出し実践したりする際の参考になる。では、教育方法には、どのようなものがあるのだろうか。思いつく限り挙げてみてもらいたい。理論的な考え方と実践的な方法論が入り混じっていたのではないだろうか。教育方法には、様々な捉え方がある。例えば、「思想や理論に基づく教育方法」もあれば、「授業づくりをするための学習形態に特徴をもつ教育方法」もある。また、「授業を進めるための教育技術としての実践的な教育方法」などもあると考えられる。

　「思想や理論に基づく教育方法」というのは、例えば、表2-2に示したような人々によって提唱され理論化された教育方法である。学習方法として理論化されたものも、その方法を取り入れることで教育方法になると捉えて含めている。これらは、この教育方法がよいのではないかと考案、理論化され、人物名とともに記録に残っている。考案された時代と現在では教育の目的が異なるため、現在の教育に適しているとは限らない。既に限界や課題が指摘されているものもあるが、そうした歴史的な積み重ねによって蓄積された知見を参考に、

表2-2　**教育方法の理論の例**（開沼（2018）を参考に著者作成）

「問題解決学習」「PBL（Problem Based Learning）」を取り入れた教育方法	デューイ	学習者が自らの生活体験の中から、興味関心に基づき問題を発見し、実践的過程を通じて問題解決能力や思考力、応用力等の習得を図る経験主義・学習者中心主義の教育方法
「プロジェクトメソッド」を取り入れた教育方法	キルパトリック	デューイの経験主義の学習原理に基づき、実践的な作業を通して子供が自主的に問題解決に取り組む(1)目的設定(2)計画(3)実行(4)評価の4段階から「作業単元」で構成される教育方法
「プログラム学習」を取り入れた教育方法	スキナー	学習内容を細かく分け、学習者ごとのペースで段階的に学び、問題に解答するとすぐに正誤、解説、賞賛が得られるようにした教育方法

「完全習得学習」を取り入れた教育方法	ブルーム	教育目標を具体化した学習単元を設け、実践と形成的評価を行うことで教育者側の指導法の見直しと補助教材等による学習を進め、完全習得に近づける教育方法
「発見学習」を取り入れた教育方法	ブルーナー	学習者が自分で課題を発見し、その解決に至る過程を（追）体験することで学ぶ教育方法
「仮説実験授業」を取り入れた教育方法	板倉聖宣	学習者に未知の問題を提示し、多くの仮説を予想し、討論し、実験によって検証する過程を重視した教育方法
「適性処遇交互作用（ATI）」を活かした教育方法	クロンバック	個人差への対応を志向する学習理論「Aptitude Treatment Interaction」を活かして「適性（興味関心や意欲、能力差、性格等）」に応じてその処理（学習方法）を変える教育方法
「有意味受容学習」を取り入れた教育方法	オーズベル	新しい学習内容の抽象的、一般的、包括的な情報を「先行オーガナイザー」として学習前に示し、学習者が既に所有している認知構造の中に新しい学習内容を関連付け、意味のあるものとして受容することを促す教育方法
「ブレーンストーミング」を取り入れた教育方法	オズボーン	グループで課題やテーマに基づいて自由闊達な意見を述べ合う教育方法
「バズ学習」を取り入れた教育方法	フィリップス	学習者を6人位の小集団に分け、6分位の短い時間で、学習内容に関する自由で活発な討議を行う教育方法
「KJ法」を取り入れた教育方法	川喜田二郎	ブレーンストーミングを通じてカードに記された大量の意見やアイデアに共通項を見つけてグループ化し、グループ間の関連性を図式化して整理することで、因果相関関係を見出しながら論理的に問題解決を図っていく教育方法
「ジグソー学習」を取り入れた教育方法	アロンソン	グループ内で個々に調べる資料を分担した後、一旦グループを解体し、その資料ごとのグループを編成して学び合った後、もとのグループに戻って学んだことを教え合う教育方法（パズルのピースを持ち寄って絵を完成させるかのような活動であることからジグソー法と呼ばれる）
「範例学習」を取り入れた教育方法	ワーゲンシャイン、ハインベル	大量に存在する事例や学習課題の中から、基礎的・本質的な事例のみを精選し、実際的・具体的な範例教材との「出会い」を通じて深く学習する教育方法
「モニトリアル・システム」を取り入れた教育方法	ベル、ランカスター	一度に大量の学習者に教える（一斉教授）ために、能力の高い学習者をモニター（助教）に採用し、教育者の補助として他の学習者の指導にあたらせる教育方法
「ティーム・ティーチング」を取り入れた教育方法	ケッペル	教師が各自の専門性を活かし、複数で協力して指導する教育方法

さらなる改善を行ってもらいたい。

　次に「授業づくりをするための学習形態に特徴をもつ教育方法」については、例えば、「講義」「実験」「実習」「ワークショップ」といった授業の形式、「個別学習」「ペア学習」「グループ学習」などの編成に関する方法、「協同学習」「協調学習」「協働学習」「課題解決学習（プロジェクト学習）」「探究的な学習」など、それぞれを教育方法として捉えることができる。また、別の次元として、「対面」「オンライン」「ブレンディッドラーニング」などは、目的に応じて選択される教育方法だと捉えることができる。さらに、「反復練習」「作る」「演じる」「教え合い学び合う」「他者のものの見方・考え方・表現の仕方から学ぶ」「実体験を通じて学ぶ」「視聴覚教材を使った擬似体験を通じて学ぶ」「個人で自己の学習を振り返り調整させる」「活動の見通しをもたせる」といったことも教育方法であるといえる。

　さらに、「授業を進めるための教育技術としての実践的な教育方法」については、例えば、指示、発問、板書、机間指導、ICT活用などの技術が挙げられる。授業の導入でいきなり学習内容から入るのではなく、学習者の興味関心と学習内容を関連付け、学習内容への興味関心を引き出すといったことなどは、実践的な技術であり、教育方法と捉えることができる。

　ここでは、様々な教育方法の例を挙げたが、この他にも多様な次元で、多様な教育方法が無数に存在する。なお、教育方法について考える際、教育の目的や内容と切り離して考えることはできない。「学習目的」と関連した「教育内容」とその内容を教えるにあたっての「理念（意図）」があって、それに相応しい「技術」を採用したり生み出したりすることが重要である。

　ここでは、教育方法の理論と実践に関する多様な捉え方を知るために、教育方法と呼ばれるものを挙げたが、理念なく方法だけ取り入れてもうまくいくとは考えにくい。目的に応じて教育方法を採用したり、修正したり、新しい方法を生み出したりすることの重要性については理解しておいてもらいたい。

【引用文献・参考文献】（URLは、2023年7月15日確認）

広田照幸（2009）『ヒューマニティーズ 教育学』岩波書店

開沼太郎（2018）「教育方法の理論」高見 茂・開沼太郎・宮村裕子（編）『教育法規スタートアップ・ネクスト: Crossmedia Edition』昭和堂

文部科学省「学習指導要領」https://www.mext.go.jp/ a_menu/shotou/new-cs/idea/index.htm

文部科学省（2019）「子供たち一人ひとりに個別最適化され、創造性を育む教育ICT環境の実現に向けて — 令和時代のスタンダードとしての1人1台端末環境」https://www.mext.go.jp/content/20191225-mxt_syoto01_000003278_03.pdf

hapter

03

資質・能力を 育成する教育方法

【本章の概要】　本章では、「これからの社会を担う子供たちに求められる資質・能力を育成するために必要な教育の方法を理解する」ために、「これからの社会を担う子供たちに求められる資質・能力を育成するための教育方法の在り方（主体的・対話的で深い学びの実現など）」について学ぶ。

【教育方法について考える】　以下の授業を実践する教師になったつもりで、考えてみてもらいたい。それぞれに示した主体的・対話的で深い学びを実現させるための「授業改善の視点」に基づき、あなたなら、どのような手立てを講じるだろうか？

　（1）技術家庭科
　家族が必要としている棚や椅子を作る活動を通して、材料と加工の技術によって生活の問題を解決する授業を実践することになった。「どうしたら、見通しをもって作業したり、粘り強く考えたりすることができるだろうか？」ということを授業改善の視点として、具体的な手立てを考えてもらいたい。
　（2）体　　　育
　跳び箱の授業を実践することになった。「どうしたら、振り返る内容を充実させ、次に生かせる気付きに導くことができるだろうか？」ということを授業改善の視点として、具体的な手立てを考えてもらいたい。
　（3）理　　　科
　ものの溶け方の授業を実践することになった。「どうしたらグループ間の議論を深め、様々な視点で考えを深めさせられるだろうか？」ということを授業改善の視点として、具体的な手立てを考えてもらいたい。
　（4）社　会　科
　安土桃山時代に関する授業を実践することになった。「どうしたら、知識をつなげ深く理解したり、考えを形成したりできるだろうか？」ということを授業改善の視点として、具体的な手立てを考えてもらいたい。
（文部科学省「平成29・30・31年改訂学習指導要領の趣旨・内容を分かりやすく紹介」を参考に著者作成）

1．学習指導要領改訂の方向性

　図3-1は、平成29・30・31年改訂学習指導要領の考え方を示したものである。学習指導要領とは、教育課程（カリキュラム）の基準を記したものである。教育課程（カリキュラム）は、学校の教育目標を達成するために、児童・生徒の発達段階や学習能力に応じて、順序立てて編成した教育内容の計画のことである。

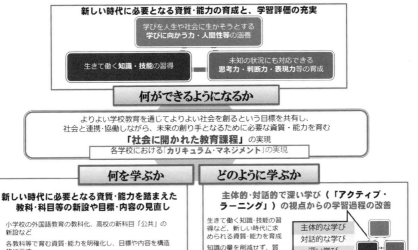

図3-1　学習指導要領改訂の考え方（文部科学省 https://www.mext.go.jp/content/1421692_6.pdf）

　学習指導要領は、時代の変化に対応しておよそ10年に一度改訂を重ねてきた。これからの教育方法について具体的に考えていくために、現在の学習指導要領がどういった意図をもって構成されたのか理解しておく必要がある。従来の枠組みに対して、何を課題と捉え、どのように乗り越えていこうとしているのか考えてもらいたい。

　図3-1では、中心に「社会に開かれた教育課程」の実現が据えられている。

これが学習指導要領によって達成しようとしている目標であり、方向性であり、各学校において「カリキュラム・マネジメント」を行うための基準だといえる。学習指導要領によれば、カリキュラム・マネジメントとは、「教育課程に基づき組織的かつ計画的に各学校の教育活動の質の向上を図っていくこと」である。各学校には、「児童や学校、地域の実態を適切に把握し、教育の目的や目標の実現に必要な教育の内容等を教科等横断的な視点で組み立てていくこと、教育課程の実施状況を評価してその改善を図っていくこと、教育課程の実施に必要な人的又は物的な体制を確保するとともにその改善を図っていくことなど」を通じてその実現が求められている。このように、「各学校が、カリキュラム・マネジメントを行い、社会と連携・協働しながら、学習者が未来の創り手となるために必要な資質・能力を育むものにしていくこと」があえて強調されている。

　次に注目すべきは、この目標を達成するために示された「何を学ぶか」「何ができるようになるか」「どのように学ぶか」という説明である。これまでの学習指導要領では、どの学年で、どの教科・領域で、どのような内容を学ぶ必要があるのかということが示されてきた。つまり、教育の内容であり、「何を学ぶか」ということに該当する。しかし、現在の学習指導要領では、「何を学ぶか」だけではなく、「何ができるようになるか」「どのように学ぶか」ということも記述されることとなった。

　「何を学ぶか」については、新しい時代に必要となる資質・能力を踏まえた、教科・科目等の新設や目標・内容の見直しが行われた。「何ができるようになるか」については、新しい時代に必要となる資質・能力の育成と学習評価を充実させることが示された。教師が何を教えるかではなく、学習者が何をできるようになるかが重視された。「どのように学ぶか」については、主体的・対話的で深い学びの視点から学習過程を改善していくことが示された。

　以前の学習指導要領は、教師が「何を教えるか」という観点を中心に組み立てられていた。そのことが、教科等の縦割りを越えた指導改善の工夫や、指導の目的を「何を知っているか」に留まらず「何ができるようになるか」にまで

発展させることを妨げている、という中央教育審議会（2016）の指摘を受けてのことと考えられる。

　何を学ぶかが決められているだけでは、その内容を授業で扱いさえすればよいと捉えられ、学習者ができるようになっていなくても、そのまま次の学習内容に進んでしまうということも生じ得る。「何ができるか」が重視されることで、全ての子供たちが取り残されることがないように学習者の達成度を評価することが重要になる。さらに、その結果を通じて授業を評価し、改善していくことが求められている。

　このように、ある学習指導要領の理念は、時代への対応と同時にそれまでの反省が反映されたものだといえる。この理念を理解した上で実践を積み重ねることが求められている。一方、この理念が妥当なものかどうかということについては、様々な立場や考えがある。これが望ましい方法かどうかは、批判的に検討していくことが求められる。その実現に取り組み、この方向性が妥当であったかどうかも含め評価・改善することが重要である。

2．育成すべき資質・能力

　「何ができるようになるか」ということについては、育成すべき資質・能力として「知識・技能」「思考力・判断力・表現力等」「学びに向かう力・人間性等」の3つの柱が整理されている。

　「知識・技能」は、言い換えると「何を理解しているか・何ができるか」ということになる。実際の社会や生活で「生きて働く知識・技能の習得」を目指すことが示されている。

　「思考力・判断力・表現力等」は、言い換えると「理解していること・できることをどう使うか」ということになる。「未知の状況にも対応できる思考力・判断力・表現力等の育成」を目指すことが示されている。

　「学びに向かう力・人間性」は、言い換えると「どのように社会・世界と関わり、よりよい人生を送るか」ということになる。「学びを人生や社会に生か

そうとする力の育成」を目指すことが示されている。

　これらは生涯にわたって学び続けるための力だといえる。こうした方向性や柱は、時代の変化やこれまでの多様な研究知見に基づいて示されたものである。教科等の目標や内容は、「何ができるようになるか」という視点から、この資質・能力の３つの柱に基づいて再整理された。この資質・能力の３つの柱は、観点別評価の項目である「知識・技能」「思考・判断・表現」「主体的に学習に取り組む態度」と対応している。

３．主体的・対話的で深い学びの視点からの授業改善

　「どのように学ぶか」ということについては、主体的・対話的で深い学びの視点からの学習過程の改善を行うことが求められている。教師が学習内容を一方的に説明するような授業では、学習者が「できるようになる」という意味での「学ぶ」ところまで至らないこともある。そこで、主体的な学びになっているか、対話的な学びになっているか、深い学びになっているか、という視点から、授業を改善していくことが、教師に求められるようになった。これは、いわゆる「アクティブ・ラーニングの視点からの授業改善」ということになる。

　アクティブ・ラーニングというとどんなイメージがあるだろうか？　グループで話し合ったり、発表したりする活動そのものを思い浮かべるかもしれない。たしかに、アクティブ・ラーニングを実現するための手段として、グループで話し合ったり、発表したりする活動を行うことはあるが、ワイワイガヤガヤと活動的であれば、アクティブ・ラーニングが実現できているというわけではない。話し合っていても、思考力・判断力・表現力などを発揮して、そこに学びが生じていなければ、アクティブ・ラーニングを実現できているとはいえないのである。つまり、見た目が活動的ということではなく「頭の中が活動的に働き学習が成立しているか」ということが重要だといえる。

　以下では、中央教育審議会（2016）の答申において示された、主体的・対話的で深い学びの実現に向けた授業改善を実現することの意義について書かれた

記述を引用しながら、主体的・対話的で深い学びの視点からの授業改善についての理解を深める。まず、「主体的・対話的で深い学び」とは何かということについて、以下のような記述がある。

> 「主体的・対話的で深い学び」の実現とは、特定の指導方法のことでも、学校教育における教員の意図性を否定することでもない。人間の生涯にわたって続く「学び」という営みの本質を捉えながら、教員が教えることにしっかりと関わり、子供たちに求められる資質・能力を育むために必要な学びの在り方を絶え間なく考え、授業の工夫・改善を重ねていくことである。

特定の指導方法のことではないという説明では、例えばグループで話し合う活動をすること自体が「主体的・対話的で深い学び」なのではないということが強調されている。また、「学校教育における教員の意図性を否定することでもない」という説明では、例えば、学習者の主体性に任せてやりたいようにやらせて教師は何もしないということが、「主体的・対話的で深い学び」なのではないということが、強調されている。その上で、以下のような説明がある。

> 「主体的・対話的で深い学び」の実現とは、以下の視点に立った授業改善を行うことで、学校教育における質の高い学びを実現し、学習内容を深く理解し、資質・能力を身に付け、生涯にわたって能動的（アクティブ）に学び続けるようにすることである。

学習者が知らない知識を授けることのみを目的とするのでなく、生涯にわたって自ら学び続ける学習者を育てることが目的として示されている。教師は、「生涯にわたって自ら学び続ける学習者」を育てるための授業を設計し、実践し、それを実現できたかを評価し、授業を改善し続けることが求められている。授業が終わった後で、「今日の授業では、生涯にわたって自ら学び続ける学習者を育てることができただろうか？」と考え、改善するということである。そのために、より具体的に「主体的な学び」「対話的な学び」「深い学び」の３つの視点に分けた説明がなされている。

（1）「主体的な学び」の視点

「主体的な学び」の視点については、以下のように説明されている。

> 　学ぶことに興味や関心を持ち、自己のキャリア形成の方向性と関連付けながら、見通しを持って粘り強く取り組み、自己の学習活動を振り返って次につなげる「主体的な学び」が実現できているか。
> 　子供自身が興味を持って積極的に取り組むとともに、学習活動を自ら振り返り意味付けたり、身に付いた資質・能力を自覚したり、共有したりすることが重要である。

　生涯にわたって自ら学び続ける学習者を育てるために、授業は学習者にとって「学ぶことに興味や関心を持つ」「自己のキャリア形成の方向性と関連付ける」「見通しを持つ」「粘り強く取り組む」「自己の学習活動を振り返って次につなげる」ことができるようになるものであることが望ましいという説明である。

（2）「対話的な学び」の視点

「対話的な学び」の視点については、以下のように説明されている。

> 　子供同士の協働、教職員や地域の人との対話、先哲の考え方を手掛かりに考えること等を通じ、自己の考えを広げ深める「対話的な学び」が実現できているか。
> 　身に付けた知識や技能を定着させるとともに、物事の多面的で深い理解に至るためには、多様な表現を通じて、教職員と子供や、子供同士が対話し、それによって思考を広げ深めていくことが求められる。

　生涯にわたって自ら学び続ける学習者を育てるために、授業は学習者にとって「子供同士の協働を通じて自己の考えを広げ深める」「教職員との対話を通じて自己の考えを広げ深める」「地域の人との対話を通じて自己の考えを広げ深める」「先哲の考え方を手掛かりに自己の考えを広げ深める」ことができるようになるものであることが望ましいという説明である。

（3）「深い学び」の視点

「深い学び」の視点については、以下のように説明されている。

> 　習得・活用・探究という学びの過程の中で、各教科等の特質に応じた「見方・考え方」を働かせながら、知識を相互に関連付けてより深く理解したり、情報を精査して考えを形成したり、問題を見いだして解決策を考えたり、思いや考えを基に創造したりすることに向かう「深い学び」が実現できているか。
>
> 　子供たちが、各教科等の学びの過程の中で、身に付けた資質・能力の三つの柱を活用・発揮しながら物事を捉え思考することを通じて、資質・能力がさらに伸ばされたり、新たな資質・能力が育まれたりしていくことが重要である。教員はこの中で、教える場面と、子供たちに思考・判断・表現させる場面を効果的に設計し関連させながら指導していくことが求められる。

　生涯にわたって自ら学び続ける学習者を育てるために、授業は学習者にとって「各教科等の特質に応じた見方・考え方を働かせる」「知識を相互に関連付けてより深く理解する」「情報を精査して考えを形成する」「問題を見いだして解決策を考えたり、思いや考えを基に創造したりすることに向かう」ことができるようになるものであることが望ましいという説明である。

　以上のように、「主体的・対話的で深い学び」は、学習者の視点から整理されている。学習者がこうした学習経験を得ることができるように、教師として、望ましい教育方法について考える必要がある。具体的には、学習目標が達成できるように、どのような学習活動に取り組む授業を設計するのか、学習が促進されるようにどのような手立てを講じ、どのような指導を行うとよいのか、考えていくことが重要である。

　国立教育政策研究所が作成した「主体的・対話的で深い学びを実現する授業改善の視点について」という資料が公開されている。その中に、表3-1がある。この表は、授業改善に向けた「学習者」の視点と授業改善に向けた「授業者」の視点で整理されている。この表に整理された内容を参考に授業を設計し、また、授業を評価して改善していくことが重要である。

表3-1 「主体的・対話的で深い学びを実現する授業改善の視点について」

（国立教育政策研究所　2020を参考に著者作成）

	授業改善に向けた『学習者』の視点	授業改善に向けた『授業者』の視点
主体的な学び	● 学ぶことに興味や関心をもつ ● 自己のキャリア形成の方向性と関連付ける ● 見通しをもつ ● 粘り強く取り組む ● 自己の学習活動を振り返って次につなげる	● 既習事項を振り返る ● 具体物を提示して引きつける ● 子供が明らかにしたくなる学習課題を設定する ● 子供が自らめあてをつかむようにする ● 学習課題を解決する方向性について見通しをもたせる ● 子供が自分の考えをもつようにする ● 子供の思考を見守る ● 子供の思考に即して授業展開を考える ● 子供の考えを生かしてまとめる ● その日の学びを振り返る ● 新たな学びに目を向けさせる
対話的な学び	● 子供同士の協働を通じ、自己の考えを広げ深める ● 教職員との対話を通じ、自己の考えを広げ深める ● 地域の人との対話を通じ、自己の考えを広げ深める ● 先哲の考え方を手掛かりに考える	● 思考を交流させる ● 交流を通じて思考を広げる ● 協働して問題解決する ● 板書や発問で教師が子供の学びを引き出す
深い学び	● 各教科等の特質に応じた「見方・考え方」を働かせる ● 知識を相互に関連付けてより深く理解する ● 情報を精査して考えを形成する ● 問題を見いだして解決策を考えたり，思いや考えを基に創造したりすることに向かう	● 資質・能力を焦点化する（つけたい力を明確にする） ● 単元や各授業の目標を把握する ● ねらいを達成した子供の姿を具体化する ● 教材の価値を把握する ● 単元及び各時間の計画を立てる ● 目標の達成状況を評価する

4．学び続ける教師

　授業を改善するには、どのように考えていくとよいのだろうか。主体的な学びの実現には、「学習者の内から湧き出る意欲」が必要で、何らかの働きかけによって、その意欲を高めることができるのではないかと考えることが重要に

なる。主体的な学びの主体は学習者であり、それを実現させるためには、「学習者にどのような力を身に付けさせる必要があるのか？　そのためにどのような授業設計や指導が必要になるのか？」と考えていくことになる。

　文部科学省のWebサイトには、「平成29・30・31年改訂学習指導要領の趣旨・内容を分かりやすく紹介」という学習指導要領について解説するページが公開されている。その中にある「主体的・対話的で深い学びの視点からの授業改善」の資料では、「見通しをもって、粘り強く取り組む力が身に付く授業に」「自分の学びを振り返り、次の学びや生活に生かす力を育む授業に」「周りの人たちと共に考え、学び、新しい発見や豊かな発想が生まれる授業に」「一つ一つの知識がつながり、『わかった！』『おもしろい！』と思える授業に」という授業改善の視点と事例が示されている。以下では、その事例を紹介する。

（１）　見通しをもって、粘り強く取り組む力が身に付く授業に

　主体的な学びの視点として、見通しをもって、粘り強く取り組む力が身に付く授業を実現させることについて考える。例えば、技術家庭科で「材料と加工の技術によって生活の問題を解決する」授業を実践する場合のことを考えてもらいたい。家族が必要としている棚や椅子を設計し、製作する。製作しながら、うまくいかないところを修正したり、よりよいものを目指して改善したりしながら学ぶ活動である。この時、「どうしたら、見通しをもって作業したり、粘り強く考えたりすることができるだろうか？」ということを授業改善の視点として、具体的な手立てを考えてもらいたい。例えば、使う人のニーズを確認させること、必要な作業手順を考えさせること、必要に応じて助言すること、問題の解決を振り返らせ次の学びに取り組ませることなどは、教え込むこととは違って、学習者が主体的に学ぶための手立てになると考えられる。

（２）　自分の学びを振り返り、次の学びや生活に
　　　生かす力を育む授業に

　主体的な学びの視点として、自分の学びを振り返り、次の学びや生活に生か

す力を育む授業を実現させることについて考える。例えば、体育における、跳び箱の授業を実践する場合のことを考えてもらいたい。学習カードを活用して、今日は何がうまくできて何ができなかったか、さらに上手に跳ぶにはどうすればよいかといったことを考え、次に生かす活動に取り組む。この時、「どうしたら、振り返る内容を充実させ、次に生かせる気付きに導くことができるだろうか？」ということを授業改善の視点として、具体的な手立てを考えてもらいたい。例えば、学びの過程を蓄積して成長を確かめられるようにすることや、友達からの視点を取り入れるように支援するといった手立てによって、次に生かすことができる気付きに導くことができると考えられる。

（3） 周りの人たちと共に考え、学び、新しい発見や豊かな発想が生まれる授業に

　対話的な学びの視点として、周りの人たちと共に考え、学び、新しい発見や豊かな発想が生まれる授業を実現させることについて考える。例えば、理科におけるものの溶け方の授業を実践する場合のことを考えてもらいたい。水に溶けた食塩のゆくえについて、グループに分かれて、蒸発させる、重さを測るなど、様々な方法で調べ、考えた結果をグループ間で共有する活動を行う。この時、「どうしたらグループ間の議論を深め、様々な視点で考えを深めさせられるだろうか？」ということを授業改善の視点として、具体的な手立てを考えてもらいたい。例えば、こうなるはずだという結果の見通しをもって実験を行うようにすることや、実験の結果から考えたことの妥当性を検討する場を設定することなどの手立てが考えられる。また、グループに分かれ、調べ、共有する中で、学習者同士が学び合い考えを深めていくことができるようになると考えられる。

（4） 一つ一つの知識がつながり、「わかった！」「おもしろい！」と思える授業に

　深い学びの視点として、一つ一つの知識がつながり、「わかった！」「おもし

ろい！」と思える授業を実現させることについて考える。例えば、社会科における安土桃山時代に関する授業を実践する場合のことを考えてもらいたい。鉄砲の伝来について、他の場所にも伝わっていたかもしれないのに、なぜ種子島から鉄砲が全国にしかも急速にひろがったのだろうか」といった問いをたてて、地図や地域の伝統的な製鉄技術の存在、当時の九州の政治的な状況などについての資料を読み取り、根拠に基づいて問いについて考察し、お互いに意見を出し合ったり、話し合ったりする活動をする。話し合いの結果を踏まえ、さらに「なぜ鉄砲を伝えたポルトガル人は中国船に乗ってきたのだろうか」などの問いについて考察し、南蛮貿易や朱印船貿易、明や朝鮮との関係、豪商の活動などを結び付けて、当時の社会の様子や特色について話し合ったり、お互いに説明したりする活動をする。この時、「どうしたら、知識をつなげ深く理解したり、考えを形成したりできるだろうか？」ということを授業改善の視点として、具体的な手立てを考えてもらいたい。考察の根拠となる資料を用意し、様々な立場から話し合う場面を設定することや資料を読み取る際の視点や考察を促すような支援を行うなどの手立てによって、知識をつなげ、深く理解したり、考えを形成したりできると考えられる。

　ここで扱ったのは、文部科学省が公開している資料に示された一例にすぎない。これを参考に、他の授業の見直しを行い、次につながる授業の設計・実践・評価・改善を行ってもらいたい。

　以上のように、現在の学校教育においては、主体的・対話的で深い学びを実現させる授業改善を行うことが求められている。そして、教師が知識を教え、学習者が受動的に学ぶという学習観よりも、教師の支援を受けながら学習者同士が主体的に学び合うという学習観を重視することになった。一方で、このことは、基礎基本を軽視するものではない。基礎基本を習得する学習を通じて様々な事象に興味・関心をもつことができる。探究的に学ぶ中で基礎基本の重要性に気付くこともある。基礎基本の習得に終始することは、現在の学習観・教育観にそぐわないが、探究的な学びと関連付けられたものとして、必然性の

ある基礎基本の学びを実現させることが重要だといえる。

　これからの時代の教師に求められることは、学習者の資質・能力を育成するために、学習とは何か、教育とは何かということを問い直し、望ましい授業の在り方を考え続けることである。生涯を通じて教育方法について学び続ける教師でなければ、「生涯を通じて学び続ける学習者」を育てる授業実践を実現することはできないだろう。

【引用文献・参考文献】（URLは、2023年7月15日確認）

中央教育審議会（2016）「幼稚園、小学校、中学校、高等学校及び特別支援学校の学習指導要領等の改善及び必要な方策等について（答申）」https://www.mext.go.jp/b_menu/shingi/chukyo/chukyo0/toushin/1380731.htm

国立教育政策研究所（2020）「主体的・対話的で深い学びを実現する授業改善の視点について」https://www.nier.go.jp/05_kenkyu_seika/pdf_seika/r02/r020603-01.pdf

文部科学省「平成29・30・31年改訂学習指導要領の趣旨・内容を分かりやすく紹介」https://www.mext.go.jp/a_menu/shotou/new-cs/1383986.htm

授業を構成する基礎的な要件

【本章の概要】 本章では、「これからの社会を担う子供たちに求められる資質・能力を育成するために必要な教育の方法を理解する」ために、「学級・児童及び生徒・教員・教室・教材など授業を構成する基礎的な要件」について学ぶ。

【教育方法について考える】 教師になったつもりで考えてみてほしい。ベテラン教師の同僚から「学習環境を整えることによって、授業での学習者の学習を支援することが重要だ」とアドバイスをもらった。あなたは、学習者のために、どのような学習環境を整えるだろうか。

1．授業を構成する要件について学ぶ意義

　学校教育において中心となる活動は、「授業」である。授業とは何だろうか。「授業」が「授業」であるために、必要とされる要件にはどのようなものがあるだろうか。1人で本を読んで学習するのとは、何が違うのだろうか。

　天野（1995）は、学校教育における授業とは、「教育課程と指導計画を前提とした一定の時間割に従い、ある決められた学級で、教師と児童・生徒（集団）とが、一定の教科・教材を媒介として、はたらきかけあう（相互作用）かたちで進められている人間的営為」だと説明している。

　また、山崎（2019）は、授業は、闇雲に知識や技能を蓄積することやその蓄積量の多さを競うものではなく、自然や社会に関する様々な知識や技能について、自分なりの判断と再構成を行い、他者との交流の中で、新しいものの見方や考え方を身に付けて「学ぶという行為に本来伴う楽しさや喜びを感じていく営み」だと説明している。そして、授業を支える三重の場と授業を構成する3

要素の概念図を示している（図4-1）。授業は教師・子供・教育内容による教室での相互作用によって成り立っているが、それを支える外側の要素として学校・職場や、地域・家庭・社会にも規定されている。

　こうした整理を踏まえると、「1人で本を読むことで得られる学び」と「学校教育における授業で得られる学び」では、得られる学びが質的に異なることがわかる。もちろん、それは1人で本を読んで学習するのとは、質的に異なる授業が行われていればの話である。教師は、1人で本を読んで学習することでは得られない学校教育における授業のよさについて考え、授業を実践する必要がある。

　一方で、教師ができることには限界や制約もある。例えば、日本の学校教育における授業は、学校で編成される教育課程に基づき実践される。教師が1人で決めるものではなく、学校・職場を構成する人々の能力や考え方や校長の意向が大きいという場合もあるだろう。その基準となる学習指導要領は、中央教育審議会において提案された方針に影響を受ける。また、学習指導要領の求める一定水準の教育内容だけでなく、地域によって「学校教育に求められるもの」が異なる。地域ということでは、教育に対する理解や協力が得られる地域とそうではない地域もあるだろう。これらのことを教師が全てコントロールすることは不可能である。しかし、そうした限界や制約がある中でも、教師の判断でできることも存在する。教師には、学校教育のよさを引き出すために、学校教育における授業を構成する要素について理解した上で、それらを適切に設計することが求められている。

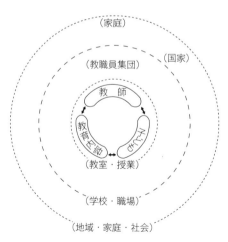

図4-1　授業を支える三重の場と授業を構成する3要素の概念図（山崎　2019　p.68）

2. 授業を規定する前提と教育内容

　学校教育における授業の在り方を規定するものには、国に関係するものがある。例えば、「日本国憲法」「教育基本法」「学校教育法」「学校教育法施行規則」「学習指導要領」「学習指導要領解説」「指導資料・事例集等」「学校管理規則」などが挙げられる。それぞれの内容と関係についての説明を表4-1に示す。日本で教職に就こうと考えるならば、これらの内容を理解しておく必要があるだろう。とりわけ、これらの中で「教育の目的」「目標」「学校教育」が、どのように規定されているか知っておくことが望ましい。

表4-1　学校教育法、同施行規則、学習指導要領等、解説書等の関係 （文部科学省（2016）から一部抜粋）

日本国憲法	教育を受ける権利、義務教育について規定
教育基本法	教育の目的、教育の目標、教育の機会均等、義務教育、学校教育、大学、家庭教育、社会教育等を規定
学校教育法	各学校段階ごとの目的、目標、修業年限を規定。また、教科に関する事項は、文部科学大臣が定めることを規定
学校教育法施行規則（文部科学省令）	各学校段階ごとの各教科等の構成、年間標準授業時数を規定。また、教育課程の基準として文部科学大臣が別に公示する学習指導要領等によることを規定している。
学習指導要領（文部科学省告示）	全国的に一定の教育水準を確保するなどの観点から、各学校が編成する教育課程の基準として、国が学校教育法等の規定に基づき各教科等の目標や大まかな内容を告示として定めているもの。教育課程編成の基本的な考え方や、授業時数の取扱い、配慮事項などを規定した総則と、各教科、道徳及び特別活動の目標、内容及び内容の取扱いを規定。
学習指導要領解説	大綱的な基準である学習指導要領等の総則及び各教科等の記述の意味や解釈など詳細について説明するために文部科学省が作成。
指導資料・事例集等	学習指導要領等を踏まえた指導を行う際に参考となる資料、事例等をまとめたもの。
学校管理規則（教育委員会規則）	法令や条例等に反しない範囲で、教育委員会が、教育課程について必要な規則（授業日数、教育課程の編成や行事、教材使用等の手続きなど）を定めることを規定。

「教育の目的」については、教育基本法に次のように示されている。

（教育の目的）
第一条　教育は、人格の完成を目指し、平和で民主的な国家及び社会の形成者として必要な資質を備えた心身ともに健康な国民の育成を期して行われなければならない。

（出典：e-Gov法令検索）

「教育の目標」については、教育基本法に次のように示されている。

（教育の目標）
第二条　教育は、その目的を実現するため、学問の自由を尊重しつつ、次に掲げる目標を達成するよう行われるものとする。
一　幅広い知識と教養を身に付け、真理を求める態度を養い、豊かな情操と道徳心を培うとともに、健やかな身体を養うこと。
二　個人の価値を尊重して、その能力を伸ばし、創造性を培い、自主及び自律の精神を養うとともに、職業及び生活との関連を重視し、勤労を重んずる態度を養うこと。
三　正義と責任、男女の平等、自他の敬愛と協力を重んずるとともに、公共の精神に基づき、主体的に社会の形成に参画し、その発展に寄与する態度を養うこと。
四　生命を尊び、自然を大切にし、環境の保全に寄与する態度を養うこと。
五　伝統と文化を尊重し、それらをはぐくんできた我が国と郷土を愛するとともに、他国を尊重し、国際社会の平和と発展に寄与する態度を養うこと。

（出典：e-Gov法令検索）

「学校」については、「学校教育法」において次のように示されている。

第一条　この法律で、学校とは、幼稚園、小学校、中学校、義務教育学校、高等学校、中等教育学校、特別支援学校、大学及び高等専門学校とする。

（出典：e-Gov法令検索）

「学校教育」については、「教育基本法」において次のように定められている。

> 第六条　法律に定める学校は、公の性質を有するものであって、国、地方公共団体及び法律に定める法人のみが、これを設置することができる。
> ２　前項の学校においては、教育の目標が達成されるよう、教育を受ける者の心身の発達に応じて、体系的な教育が組織的に行われなければならない。この場合において、教育を受ける者が、学校生活を営む上で必要な規律を重んずるとともに、自ら進んで学習に取り組む意欲を高めることを重視して行われなければならない。
>
> （出典：e-Gov法令検索）

　以上のように、「教育の目的」「目標」「学校とは何か」「学校教育とは何か」といったことは、授業の在り方と関連していることから、教師が授業設計をする前提として知っておく必要がある。とりわけ、学習指導要領は、学校が作成する教育課程の基準となるものであり、文部科学省検定済教科書もこれに基づいて作られるものであるため、授業で扱われる教育内容に直接的に関係してくる。

３．授業を構成する要素

　授業を構成する要素には、「学習者と教師」と「学習環境」に関わるものがある。そして、それが生み出す「学校・学級という文化」に関することもその構成要素といえる。

（1）　学習者と教師

　授業を構成する要素として、「授業を設計・実践する教師」と「授業を受ける学習者」を欠かすことができない。なお、本書では、児童・生徒・学生など、学習する立場の人をまとめて「学習者」という言葉で表現している。ただし、文部科学省の公文書では、小学生を「児童」、中学生・高校生を「生徒」というように区別している。また、大学生については、「学生」という言葉が使わ

れている。こうした区別の仕方があることを理解して、必要に応じて使い分けることが望ましい。

　まず、授業における学習者の存在とは、どのようなものか考えてもらいたい。授業を受け、学ぶ存在であるということは間違いないだろう。しかし、「決められた学習内容を受動的に教師から教わる存在」なのか「学びたいことを学ぶことができるようになるために能動的な学びを教師に支援してもらう存在」なのかは、学習観・教育観によって異なり、教師がどのような授業を設計し、実践するかによって変わってくるのではないだろうか。また、授業における学習者は、１人１人の興味関心や能力が異なる存在でもある。多様だからこそ共通の内容を一律に教えることは難しく、個に応じた指導が求められる。その一方で、多様だからこそ、学習者集団として学び合うことができ、協力して１人ではできない課題解決や創造的な活動に取り組むこともできる。

　次に、授業における教師の存在とは、どのようなものだろうか。例えば、学習者に必要とされる「学習内容を提示して解説を行うこと」が教師の主たる役割と考える人もいれば、生涯にわたり学び続けることができる学習者を育てるために「学習者に学ぶきっかけや学ぶ方法を教えること」が教師の役割だと考える人もいるのではないだろうか。他にも、教師は、「学習者の学習を支援する人」「学習者の伴走者」「ファシリテーター」であるという捉え方もある。

　教師は、授業を設計する際に、教師と学習者、学習者と学習者がどのような存在として関わることが学習目標の達成にとって意味のあることなのか考え、「関わりのデザイン」を行うことが重要である。授業の案を作り、実践する教師は授業の主役であるともいえる。しかし、授業の目的は学習の成立であり、それを支えるのが教師の役割だとするならば、学習をする学習者が主役だと考えることもできる。授業とは教師が方向性を示し、教師と学習者との相互作用、学習者と学習者の相互作用によって生み出されるとするならば、学習者と教師は、両者が主役となり得る存在だといえるだろう。そのような授業を目指すことが望ましいのではないだろうか。

（2）学習環境

　授業を構成する要素の１つに学習環境がある。教師は、授業を成立させるために、学習者を取り巻く環境を学習に適したものにしていくことが求められる。

　まず、学習が行われる教室には、何があるだろうか。例えば、机、椅子、黒板、大型提示装置（プロジェクタや大画面のモニター）、電子黒板、実物投影機、テレビ、カメラ、ビデオカメラ、デジタル教材の使用やインターネットにアクセスできる情報端末、ロッカー、掲示板など、多様なものが存在している。他にも教科書、資料集、辞書、ワークシートなどの教材や学級文庫として学習に役立つ図書を置いてある教室もある。ノート、鉛筆、消しゴム、ペンなどの筆記用具、道具箱には、のり、ハサミ、定規、コンパス、マーカーマジックなどの文房具もあるかもしれない。また、算数で使うそろばん、美術で絵を描くための筆や絵の具やパレット、書道で用いる筆や文鎮や硯、音楽で使うリコーダーや鍵盤ハーモニカもある。音楽室にはピアノや楽器、理科室には人体模型や実験器具などもあるだろう。体育の時間には、ボールやマットや跳び箱なども使う。時計や掃除の道具や給食の配膳台もあるかもしれない。教室には、「昔あったもので今ないもの」もあれば、「昔なかったもので今あるもの」もある。上述した中では、インターネットにアクセスできる情報端末やその画面を大きく映し出す装置などのICT環境は、今となっては欠かすことができないものになってきている。ここで挙げた以外にも、教室には様々なものがある。こうしたものについては、必要に応じて、いつでも使用できるように整えておくことや、使用する際のルールを整備しておくこと、学習に適した配置を工夫するといったように、学習環境を設計しておくことが望ましい。また、一斉授業とグループワークでは適した机の配置が異なると考えられるが、教師は、学習が促進されるよう配置などを工夫することができる。このように、存在しているものをどのように配置するかということにも留意する必要がある。

　このような、教具・教材を備えた教室を学習するための場として考えた場合に、学校の校舎には、普通教室もあれば、特別教室もあることに気付くだろう。教科や領域に適した特別教室、図書室、特別な展示や学習発表会ができるフリ

ースペース、校庭や体育館、ビオトープや飼育小屋、花壇や畑、博物館や水族館などを備えている学校もある。どの学校にもあるものと、そうでないものがある。既存のものを有効に活用すること、新たにどのような学習環境が必要かを考え、学校内で提案して整えていくことも考えてもらいたい。

　教室環境も、壁やドアなどで廊下が仕切られている教室もあれば、オープンスペースを取り入れた教室もある。オープンスペースとは、廊下と教室に壁がなく、クラスに縛られず多様な活動ができる多目的スペースである。壁がないことで、学年全体の活動が把握しやすく、どのような活動をしているのか共有しやすくなる。互いの授業を見ることで、活動を参考にすることができるだろう。学習者にとっても、他のクラスと交流しやすくなり、頑張りを見て、よい刺激を受けることができる。他のクラスと合同での活動がしやすくなる。壁がないことでのデメリットもある。周りの教室の音が気になって集中できないことや、冷暖房の効率が悪くなってしまうことなどがある。

　小学校の場合は学級担任制であることが多く、1年を通じて同じ教室を使うことから、掲示物や学級図書、机の配置などについては、担任が管理することになる。「掲示」には、学習のポイントを示す掲示や学習者の成果物の掲示などがある。学習のポイントを示す掲示としては、「話し合う活動のポイント」など必要に応じて注目させることで、ポイントを思い出させるといった目的のものがある。学習者の成果物の掲示としては、壁新聞、習字などの作品を掲示することがある。見てもらうことを前提として取り組むことで学習意欲を高めようとするものである。また、自己の成長を振り返るものとして掲示することもあるだろう。このように活用の仕方によっては掲示を学習に役立てることができるが、余計な掲示物が目に入り学習者が集中できない環境にならないように注意しなければならない。

　一方、学習環境は、ものとして存在しているものだけではない。黒上（1999）は、学習環境の種類として、「什器」「教材」「資料」「指示」「掲示」「メディア」「道具」「場」「人」「時間」「カリキュラム」を挙げている。「人」や「時間」や「カリキュラム」は、ここまでに挙げてきたような教材・教具、施設・

設備といったものとは異なる。専門家や地域の人々など外部人材の協力を得て、学習を深めることができるかもしれない。誰にどのような形で協力してもらうかは、教師が考えることができる。また、１コマの授業を小学校であれば45分、中学校・高等学校であれば50分という単位で区切り、チャイムを鳴らして知らせることを多くの学校では行っているが、学習の内容に応じて授業時間を柔軟に組み替えて実践をしている学校もある。また、学習指導要領を基準にするが、カリキュラムは学校ごとに作成することになるため、どのような学習内容をどのような学習形態や学習活動によって学ぶのか、教師が決めることになる。このように、教師が一定の範囲で設計することができることから、時間もカリキュラムも学習環境であるといえる。

　なお、カリキュラムには顕在的なカリキュラムと潜在的なカリキュラムがあるといわれている。学習のために意図的に設計されたものが顕在的なカリキュラムである。一方、授業を設計する教師が意図しないところで、学習者は学び取ることがある。これを潜在的なカリキュラムという。この考え方からすると、教師が意図して設計した学習環境から、そのねらい通りに学習者が学び取るとは限らない。また、意図しないことや学んでほしくないことまで学び取ってしまうことがあるということには留意しておかなければならない。学習者にとって、学習環境がどのように機能しているかを確認し、評価、改善していくことが重要である。

　これらの要素の在り方については、教師が目的に応じて、可能な範囲で決めることができる。教師は、授業を望ましいものにするために、こうした学習環境の設計を行う必要がある。照明は学習に適した明るさであるか、静穏な状況は保たれているか、掃除が行き届いているか、置かれているものは整理整頓されているか、映像教材を一斉視聴する画面は見やすいか、音声は聴き取りやすいかなど、様々な観点で学習環境を整えることができると考えられる。

（3）　学校文化と学級文化
　学習に集中できる学習環境について考え、教師がそれをデザインしようとす

る際に、物理的な環境や制度的な環境のみならず、文化的な環境にも目を向ける必要がある。人と人との関わりの中で、社会や文化が生じる。それは、学校・学級という集団においても例外ではない。「学校・学級は小さな社会であり、学級ごとに異なる文化が形作られる」と考えてみてもらいたい。

　まず、学校の文化が授業に及ぼす影響について考える。異なる考え方をもった教職員同士の関わりによって、職場の雰囲気、学校の文化が形成される。授業についていえば、先進的な授業実践の工夫をしようとした場合に、学校内でそれを許容・支援する状況にあるのか、抑制しようとするような状況にあるのかによってやりやすさが異なるだろう。教師は、その授業実践のよさについて説明するなど、実践できる環境を整えていく必要がある。

　次に学級文化についてである。例えば、ある学級では、授業中に授業と関係のない私語が絶えないが、別の学級ではそのようなことはないということがある。また、「授業と関係のないおしゃべりをやめなさい」と注意しても、おさまらないということがある。その原因はいろいろとあるだろう。隣の人との距離が近いことで、私語をしやすい雰囲気を作っているかもしれないと考えれば、配置を工夫することで解決できるかもしれない。他にも、私語が絶えない学級は、「私語をしていてもよく、それがあたり前の文化」になっていて、「私語を迷惑だと思っていても言い出せない文化」になっているということもある。話しかけられたら返事をしないと無視したことになり、友好的な関係を壊してしまうことを気にして私語をせざるを得ない状況にあるのかもしれない。私語は「学習を阻害する要因になる」だけでなく、「集中したい人の迷惑になる」ので、望ましくないという認識を共有しておかないと、いつの間にか私語をするのがあたり前の文化になり、学習に集中できない学級になってしまう。そうならないようにするために、教師は初めにそのことを学習者に伝え、その都度注意して学習に集中できる学習環境を整える必要がある。

　ここで取り上げた私語に関わることだけでなく、学校・学級においては、様々な文化が共有されることになる。例えば、「人を傷つける言葉が飛び交う」「じゃれ合う程度の暴力は許される」「乱暴な言葉を使うことが、かっこいいこ

とだと思い込んでいる」「興味をもって学んでいると『まじめだね〜』と冷や かされる（あるいは、言っている本人は、そのつもりがなくても言われた側が傷ついてい る）」といったことがある。学習者が安心して学習に集中できる環境を整える ために、教師は人と人との関わりをデザインすることが重要になる。

4．同じ文化を共有する学級で学ぶ意義

　学校教育における授業は、一般的に複数の学習者が学習集団を形成して行わ れる。この単位集団のことを「学級」というが、ここではそこに生じる文化も 含めて「学級」として捉えることにする。学習が知識を獲得することのみであ るとするなら、本を読めば 1 人でも学ぶことができるはずである。複数の学習 者が学習集団を形成して学ぶことにはどのような意義があるのだろうか。木内 (2019) は、授業（教科、総合、道徳）における学習集団の意義について、以下の 5 つの機能を挙げ、これらを計画的あるいは臨機応変に発揮させる重要性を指 摘している。

---

① 　他の学習者の異なった捉え方や反応をつかむことで、刺激や着想が得られたり、自 分の考え方の特色や理解状況が把握できたりする
② 　算数などアルゴリズム的な内容、社会科や理科などの認識的な内容の学習において、 学習者同士がつまずき箇所・誤解箇所を教え合うなどの支え合いをする
③ 　教師の気付かない見方や意見が交わされ、より豊かな理解を導く
④ 　捉え方・考え方を互いに批判検討することで、より深くより適切な捉え方を見いだ す
⑤ 　合唱やゲームなど集団で協働する学習で、体験を踏まえた実感のある学習を実現す る

（木内 (2019) を参考に著者作成）

　また、教科外学習（特別活動）における学習集団については、次の 5 つの機 能を挙げている。

① 感情のある人間の多様性や個性を認識し、自分のよさを自覚するとともに他人を尊重する大切さを学ぶ
② よい人間関係を築き維持するための行動能力を獲得する
③ 明るい学校生活を営む仲間意識や互助的精神を築く
④ みんなで役割分担・協力してプロジェクトを達成する集団的力量を発達させる
⑤ 自分たちの希望の実現や問題解決を進める平和的民主的な手立てを学び、自治的な能力を発達させる

(木内（2019）を参考に著者作成)

　また、集団づくりの指導方法として、3つの段階を踏むことを提案している。まず、教師主導で班を編成し、問題解決に取り組み、班活動の必要性について考えさせる「よりあい的段階」である。次に、班長を集団に選ばせ、学級における権限と責任をもたせて活動を行う「前期的段階」である。そして、自主的民主的に学級を運営させる「後期的段階」である。
　このように、複数の学習者が学習集団を形成して授業を行うことには意義があると考えられてきた。また、そうしたよさは、自然に発生するとは限らないため、学びの共同体を生み出すような授業になるように意図的に授業をデザインすることが必要だといえる。

　以上のように、授業を構成する要素には、教師が意図的に決めることができるものとそうでないものがある。そして、意図的に決めるために、決めることができないものについて理解しておくことが求められる。例えば、教師は、学びやすくするために担任する学級の机の配置を決めることはできるが、学習指導要領の内容を決めることはできない。しかし、学習指導要領がどのように授業の在り方を規定しているか理解しておかなければ、その学習活動に適した机の配置を決めることもできないだろう。本章では、意図的に決めることができるものについても、物理的なものからそうでないものまで、様々な要素が含まれることを確認した。授業を望ましいものに設計・改善していくために、また、学校で授業を受ける意義が感じられるものになるように、授業を構成する要素

にどのようなものがあるのか理解した上で、目的に応じて整えていくことが重要になる。

【引用文献・参考文献】（URLは、2023年7月15日確認）

天野正輝（1995）『教育方法の探究』晃洋書房

木内　剛（2019）「集団づくりの意義と方法」柴田義松・山崎準二（編）『教育の方法と技術　第三版』学文社

黒上晴夫（編）（1999）『総合的学習をつくる』日本文教出版

文部科学省（2016）「学習指導要領等の構成、総則の構成等に関する資料」https://www.mext.go.jp/b_menu/shingi/chukyo/chukyo3/061/siryo/__icsFiles/afieldfile/2016/03/03/1367713_12_1.pdf

山崎準二（2019）「授業の構造と意義」柴田義松・山崎準二（編）『教育の方法と技術　第三版』学文社

学習評価の基礎的な考え方

【本章の概要】　本章では、「これからの社会を担う子供たちに求められる資質・能力を育成するために必要な教育の方法を理解する」ために「学習評価の基礎的な考え方」について学ぶ。

【教育方法について考える】　教師になったつもりで考えてほしい。理科の授業で「水溶液の性質」についての「真正の学び（オーセンティックな学び）」を実現しようと考えた場合、学習活動としてどのような「パフォーマンス課題」を与え、「パフォーマンス評価」を行うとよいだろうか。また、その学習内容の目標を達成できたかを評価する評価基準を「A（十分満足できる）」「B（おおむね満足）」「C（努力を要する）」の3段階で書き、ルーブリックを作ってもらいたい。

　なお、ここでの「真正の学び（オーセンティックな学び）」とは、「学校外や将来の生活で遭遇する本物の、あるいは本物のエッセンスを保持した活動」による学びのことである。その評価には、思考する必然性のある場面で生み出される学習者の「振る舞いや作品」（パフォーマンス）を評価する「パフォーマンス評価」が適しているといわれている。そして、そのための課題が、「実際に生活や社会で直面するような文脈に則した問題」による「パフォーマンス課題」ということになる。また、パフォーマンス課題の評価を行う際には、「成功の度合いを示す数値的な尺度あるいは評語と、それぞれの数値や評語にみられる認識や行為の質的特徴を示した記述語からなる評価基準表」であるルーブリックが有効だとされている。(石井　2015)

1．なぜ評価をするのか

　評価とは何か、なぜ評価をしなければならないのか考えてみてもらいたい。評価という言葉は、一般的には「価値を定める」という意味がある。その意味から考えると、教育現場においては、「テストで点数が高いか低いか確認して成績を定めるために評価を行う」「入学試験で合否判定をするために評価を行

う」といったように、「学習者の価値を定める」ためのものだと思われがちである。つまり、学習者の能力を測定して処遇を決めることを目的だと考える評価観がある。これは、テストの点数が低い結果であった場合には、学習者に問題があると考える捉え方だといえる。

　しかしながら、その捉え方は一面的なものの見方に過ぎない。テストの点数が低くなった原因は、教師の教え方が悪かったからかもしれないし、学習指導要領で定める目標の設定が悪かったからかもしれないと考えることもできる。教え方や目標は、結果を踏まえて改善することが重要である。もちろん、この場合の評価は「教師の価値を定めること」でも「行政担当者の価値を定めること」でもない。こうした問題を解決するために評価を用いるとするならば、評価とは、「教師の授業設計や授業改善に活かすためのもの」「国の施策や学習指導要領を検討するためのもの」であると捉えることができるだろう。あるいは、そもそも、そのテストが必要なことを測定できておらず、点数が低いという結果になっただけかもしれない。この場合は、テストをどのように改善すればよいか明らかにするための評価ということにもなるだろう。

　このように、評価には、様々な目的がある。本章では、これらの中でも、特に教師の指導方法や内容、学習者の学習方法や内容を改善するための評価に着目する。教師は、評価方法にはどのようなものがあるのか理解した上で、必要とされる情報を得るために、何のためにどのような評価を行うことができるか、知っておくことが望ましい。また、評価を行った結果、得られたデータを解釈して、授業改善に活かすことができるようになる必要がある。

2．相対評価と絶対評価

　教育は、意図的な働きかけによって、学習者を望ましい方向に変化させようとする営みである。その変化を実現できたかどうか確認するために評価が行われる。教育と評価は切り離して考えることはできない。実際の教育活動においては、目的に応じて様々な評価の方法やその結果が活用されてきた。評価の考

え方には、「相対評価」と「絶対評価」がある。

　相対評価は、集団内での他者との比較によって相対的な位置を決めて評価する方法である。「集団に準拠した評価」ともいわれる。例えば、5段階で評価するならば、正規分布曲線に従って割合を決めることがある。中間の「3」の割合が最も大きく（38%）、「2」と「4」の割合をそれより小さく（24%）、「1」と「5」の割合が最も小さく（7%）なるようにした評価である。100点満点のペーパーテストという評価方法をとった場合、98点は高得点に感じるが、それより高い得点の人が多ければ、「5」とは評価されなくなる。また、高得点だったとしても、集団の中で相対的に低い得点だった場合には、「1」の評価がつくことになる。相対評価は、周りが低ければ、自分は高い評価になるため、競争を煽ることとなる。相手を蹴落とせば評価が高くなるという考えは学校教育の理念と合わないと考えられる。ただし、選抜試験などにおいては、相対評価が採用されることもある。

　絶対評価とは、教育目標の達成度を表す評価のことである。5段階で評価するならば、80点以上に「5」の評価をつけると決めた場合には、全員が80点以上の場合であれば、全員の評価は「5」になる。長らく相対評価を用いていた学校教育では、2002（平成14）年以降、絶対評価が採用されるようになった。このように、同じ5段階評価でも、その評価の意味が異なることを知っておく必要がある。

　ところで、石井（2015）は、絶対評価という言葉が使われる時、相対評価以外の本来は区別すべき3つの評価観が混在していることを指摘している。それは、「狭義の絶対評価」と「目標に準拠した評価」と「個人内評価」の混在である。「狭義の絶対評価（戦前型絶対評価と認定評価）」とは、「絶対者としての指導者（評価者）が、その心のうちに暗黙の形で保持している評価基準の絶対性に従って判断する評価」である。これは、主観的で恣意的な評価になりがちだといえる。「目標に準拠した評価」とは、「教育目標を規準にその到達状況や実現状況」を評価するものである。評価者から独立したものとして目標を明確に叙述することで、客観性を高めようとするものである。「個人内評価」とは、

「子ども（個人）それ自体を規準とし、その子どもなりのもち味・がんばりを継続的・全体的に評価する」ものである。過去との変容を評価する縦断的個人内評価と得意・不得意や長所・短所を明らかにする横断的個人内評価がある。

　「相対評価」と「絶対評価」のことを歴史的な流れで捉えると、日本では、戦前までは「絶対評価」を採用していた。それは、目標に準拠したものになっておらず主観的な判断になりがちであるという課題があった。そして、第二次世界大戦後、「相対評価」が採用された。客観的に序列を決める方法としては一定程度機能したが、学習の達成を評価する方法としては課題があった。そこで、2001（平成13）年に改訂された指導要録においては、目標に準拠した評価としての「絶対評価」が採用された。戦前の経験を踏まえ、主観的にならないように評価できる方法が考案されていった。学習評価について考える際には、このような歴史的な積み重ねによって現在の状況があることを理解した上で、目的に応じた評価の方法になっているか意識して実践することが重要になる。

3．評価規準と評価基準

　学習を評価するには、学習目標に対して、学習者がどの位置にいるのか確認できる「ものさし」が必要になる。つまり、学びの質を言語化する必要がある。この目標と「ものさし」の関係に対して、「評価規準」と「評価基準」という言葉が使われる。読み方が同じなのでこれらを区別するために、口頭では訓読みをして、「のりじゅん」「もとじゅん」と表現して説明をすることがある。

　「のりじゅん」の方の評価規準は、学習の目標を具体的に示したものである。学習の目標がなければ評価できないため、評価のよりどころになる学習目標を示す必要がある。次に、「もとじゅん」の方の評価基準は、規準をどの程度達成できたのか判定するための「ものさし」のことである。「ものさし」なので、段階がある。学習目標の達成は、できたかできなかったかのみで評価できるものばかりではない。例えば跳び箱であれば、跳び越えることができない段階と、何とか跳び越えることができる段階と、綺麗なフォームで跳び越えることがで

きる段階があると考えられる。このように３つの段階に分けた時に、学習目標に対して、十分満足できるならばA評価、おおむね満足できる場合はB評価、努力を要する場合はC評価と判断できるように記述する。

　このような段階が、より客観的なものになるように、何を達成できていれば、どの段階かがわかるように質的な言葉で表現して表の形にしたものをルーブリックという。ルーブリックを用いた評価のことをルーブリック評価という。ルーブリックは、評価の「ものさし」として適切なものになるように作り上げるためには、それなりの手間がかかる。しかし、教師の感覚的で主観的な評価にならないよう客観的に判断することを支援してくれる。また、学習者にルーブリックを示すことで、自分がどこまで到達できたか、何をできるようになったか自覚することができるようになり、次に何を目指せばよいのか見通しをもつことができる。学習活動に取り組む前に学習者と一緒にルーブリックを考える実践を行うことで、学習者が自ら目標を設定し、自分で評価し、次の学習につなげることができるよう支援することもできるだろう。

4．評価の方法

　図５-１は、様々な評価方法を特徴に基づいて整理したものである。単純と複雑の縦軸と、筆記と実演の横軸がある。筆記によるペーパーテストで単純なものとしては、「選択回答式（客観テスト）の問題」による評価がある。それよりも複雑なペーパーテストには、「自由記述式の問題」が挙げられている。そして、より複雑なものとしては、「パフォーマンス課題」があるが、これは、研究論文や物語の創作など筆記によるものと曲の演奏やスポーツの試合などの実演によるものが混在している。パフォーマンス課題における実演は、限りなく実際の状況に即した学習ということになるが、実演を伴うものの中には、より単純な運動技能の実演など「実技テストの項目」による評価や、発問への応答などの「日常的な評価」がある。教師が指導の改善を図ることや学習者自身が自らの学習を振り返って次の学習に向かうことができるように、どのような

評価の方法を採用することが望ましいか検討し、実施することが重要である。

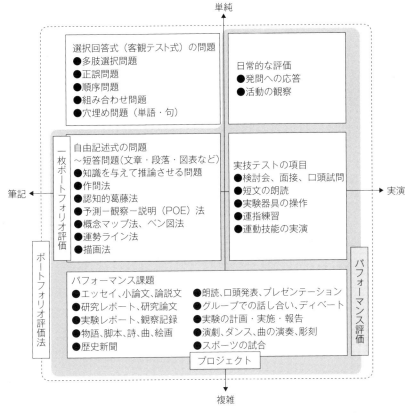

単純

選択回答式（客観テスト式）の問題
●多肢選択問題
●正誤問題
●順序問題
●組み合わせ問題
●穴埋め問題（単語・句）

日常的な評価
●発問への応答
●活動の観察

一枚ポートフォリオ評価

自由記述式の問題
～短答問題(文章・段落・図表など)
●知識を与えて推論させる問題
●作問法
●認知的葛藤法
●予測－観察－説明（POE）法
●概念マップ法、ベン図法
●運勢ライン法
●描画法

筆記

実技テストの項目
●検討会、面接、口頭試問
●短文の朗読
●実験器具の操作
●運指練習
●運動技能の実演

実演

ポートフォリオ評価法

パフォーマンス課題
●エッセイ、小論文、論説文
●研究レポート、研究論文
●実験レポート、観察記録
●物語、脚本、詩、曲、絵画
●歴史新聞
●朗読、口頭発表、プレゼンテーション
●グループでの話し合い、ディベート
●実験の計画・実施・報告
●演劇、ダンス、曲の演奏、彫刻
●スポーツの試合

プロジェクト

パフォーマンス評価

複雑

図5-1　様々な評価方法（西岡・田中　2009：渡辺　2015を参考に著者作成）

5．真正の学びとパフォーマンス評価

　現実の社会で求められる複雑な課題に対応できるような資質・能力を、ペーパーテストだけで評価しようとすることには無理がある。そのような真正の学び（オーセンティックな学び）を評価する方法が検討されてきた。様々な方法が考えられてきた中に、パフォーマンス評価という方法がある。これは、リアルな

文脈で総合的な課題に取り組ませ、学んだことを活用できたかを評価する方法である。この評価基準にもルーブリックが活用されることがある。例えば、井口（2011）は、理科の授業で「水溶液の性質」についての「真正の学び（オーセンティックな学び）」を実現するパフォーマンス課題とパフォーマンス評価のためのルーブリックを図5-2のように作成している。

　この他にも、長期的なプロジェクト学習では、学習の成果物をポートフォリオとして溜めていき、それを評価の材料にするポートフォリオ評価という方法も考えられてきた。ポートフォリオは書類入れという意味もあるが、デザイナーが自分の作品を見せて、自分の能力をアピールするための作品集ファイルを意味することもある。教育活動におけるポートフォリオも、単に成果物を溜めていく、というだけでなく、それを学びの軌跡としてアピールする材料として使うことができる。ポートフォリオを材料とした、自己評価、相互評価、教師による評価をうまく組み合わせることで、成長につながる評価を実現できると考えられる。

　近年では、学習の記録を書類入れのファイルに入れ込む方法だけではなく、コンピュータで記録し、オンライン上に蓄積するeポートフォリオを活用する学校もある。eポートフォリオは、記録性に優れている、デジタルで加工できる、他者との情報共有・相互評価が容易にできるなどのメリットがあると考えられている。

6．自己評価と相互評価

　教育活動において、評価を行うのは教師だけではない。学習者が自分を評価する自己評価や学習者同士がお互いを評価し合う相互評価もある。自己評価は、学習者が自分自身で自分の成長を評価して認めることである。認知活動それ自体を対象として認知する心の働きを、「メタ認知」という（三宮　2008）。自分の成長を実感し、自尊感情をもつことができれば、学習意欲も高まり、更なる成長を期待できると考えられる。

～地球の水を守ろう～　普段の生活で気をつけたいこと

　あなたは、「子ども科学者」です。「水溶液の性質って？」で学んだことをもとにして、次の3つのことについて「理科パンフレット」を作り、それを使って5年生に「地球の水を守ろう」ということについて説明してください。
・　水溶液の性質について
・　お風呂洗剤などに「混ぜるな危険」とあるのはどういうことか
・　地球の水を守るため、普段の生活で気をつけなければならないことはどんなことか

ルーブリックの設定

評点	パフォーマンスの特徴
3	○水溶液の性質について、リトマス紙やBTB液によって酸性、アルカリ性、中性に分けられること、二酸化炭素など気体が溶けている水溶液や、塩酸など金属を変化させる水溶液があることをまとめている。 ○「混ぜるな危険」について、いろいろな水溶液を混ぜると有害なガスが出ることがあり危険だということや、混ぜることによって水溶液の性質が変わることがあることなどについての考えをまとめている。 ○地球の水を守ることについて、家庭排水にも気をつけないと川や海を汚してしまうことがあることや、温暖化傾向が続き二酸化炭素が多くなるとそれが海水に溶け性質が酸性となり海の生物にも影響が出ることなど水溶液の性質と環境とのかかわりについて自分の考えをまとめている。 ◎水溶液について伝える意識を持ち、分かりやすく説明をして、質問にもしっかりと受け答えしている。
2	○水溶液の性質について、酸性、アルカリ性、中性に分けられること、気体が溶けている水溶液や金属を溶かす水溶液があることをまとめている。 ○「混ぜるな危険」について、いろいろな洗剤を混ぜると有害なガスが出ることがあるから危険だという考えをまとめている。 ○地球の水を守ることについて、家庭排水にも十分に気をつけないと川や海を汚してしまうことがあることについて自分の考えをまとめている。 ◎水溶液の性質について、下級生に分かりやすく説明をしている。
1	○水溶液の性質について、酸性、アルカリ性などに分けられること、気体が溶けていたり金属を変化させたりする水溶液があることをまとめている。 ○「混ぜるな危険」「地球の水を守ること」について考えをまとめている。 ◎水溶液の性質についてまとめたことを読んで伝えている。

図5-2　パフォーマンス課題とルーブリック（井口　2011）

また、メタ認知を働かせることで、目標に対する自分の位置を確認し、次に何に取り組めばよいかという新たな目標を設定することができる。生涯にわたって自律的に学び続けるために必要な力であるため、教育活動において自己評価の経験を積むことは重要な意味をもつことになる。

　相互評価とは、学習者同士がお互いの成長を評価することである。ともに学習に取り組んできた学習者同士が相互評価することには、どのような意味があるのだろうか。他者の発表や学習成果物を見て、理解を深めることができたり、自分にはなかったものの見方・考え方に触れ、自分の考えを広げたりすることができるだろう。また、お互いのよさを褒め合うことで、相互に自尊感情を高め、学習意欲につながるのではないだろうか。評価する側は、発表や学習成果物を吟味しなければ評価できないため、傾聴力や分析力が高まることも期待できる。

　一方、自己評価にしても相互評価にしても、そのメリットを学習者自身が実感できていなければいい加減に評価することになり、期待された成果を得ることはできない。学習者が意義のある自己評価や相互評価ができるようになるための教師の指導が重要だといえる。

7．目標と評価の関係

　次に、学習目標に応じた評価方法にはどのようなものがあるか確認する。市川（2019）は、学習目標に応じた評価方法の例を表5−1に整理している。表側は、ガニェの学習目標の5分類で分けられている。具体的には、物事・名称を記憶する「言語情報」、体を動かして身に付ける「運動技能」、ルールを理解し活用する「知的技能」、学び方を工夫する「認知的方略」、気持ちを方向付ける「態度」の5つがある。このうち、言語情報と運動技能は、学習指導要領で示された資質・能力の3要素のうち、「生きて働く知識・技能」と対応していると考えることができる。次に、知的技能と認知的方略は、「未知の状況にも対応できる思考力・判断力・表現力等」に対応していると考えることができる。

表5-1　学習目標に応じた評価方法（市川　2019）

	授業中の評価	ペーパーテスト
言語情報	・一問一答の発問をする 　「○○という単語の意味は？」 ・覚えていることを尋ねる 　「○○に関連する語句をできるだけたくさん挙げてみよう」	・穴埋め・選択形式 　「空欄にあてはまる言葉を記入しなさい」（再生） 　「空欄にあてはまる語句を選びなさい」（再認）
運動技能	・実演させ、観察する 　（チェックリストを手に子どもの様子を確認する） 　（ストップウォッチなどで計測する）	・チェックリスト形式 　「以下の中であなたができることに印をつけなさい」 ・並べ替え形式 　「正しい手順に並べ替えなさい」
知的技能	・あとで解き方を説明させる 　「どのようにして解いたのか説明してください」 　「なぜ○○だと考えたのか理由を言ってください」 ・ルーブリックを活用する 　（プレゼンテーション、レポート等を観点別に評価する）	・練習問題（授業で扱った問題とは異なる問題）を出題する ・分類形式 　「以下のリストを○○に従って仲間分けしなさい」
認知的方略	・先に解き方を説明させる 　「まず最初に何をしたらいいですか？」 ・学習経過を振り返る 　「今日の学習で学んだことは何ですか？」 ・ポートフォリオを活用する 　「これまでに学んだことをポートフォリオを使って発表してみよう」	・未知の問題（解決方法をその場で考える問題）を提出する ・論述形式：どのように考えたのか順に説明させる 　「あなたならどうしますか？　順に説明して下さい」
態度	・判断をせまる発問をする 　「こんなときあなたならどうしますか？」 ・知識を問う発問をする 　「○○したいときはどんな方法がありますか？」	・論述形式 　（行動や態度を選択させ、その理由を問う） 　「あなたならどうしますか？　その理由も書きましょう」

　また、態度については、「学びを人生や社会に生かそうとする学びに向かう力・人間性等」に対応していると考えることができる。実際の授業を設計する上で、こうした分類を区別して考えることには意義があるといえる。「どこへ行くのか」ということを区別して考えておかなければ、到達を確認する評価を

することもできないからである。そして表頭は、「授業中の評価」と「ペーパーテスト」に分けて整理されている。目標に応じて、何をどのように評価するのかということについて、それぞれに適した方法がある。

８．診断的評価、形成的評価、総括的評価

　教育評価には、様々な目的、方法があり、それに応じて使い分けていくことが必要である。例えば、学習前及び導入のタイミングであれば、「レディネス（事前の準備状態）を確認するための前提テスト」と「学習をする必要があるか確認するための事前テスト」で「診断的評価」を行い、学習者の状況を捉え、授業設計に活かすことができる。また、学習中には、教師の見取りや小テスト、ポートフォリオなどを用いて、学習のプロセスを「形成的評価」し、授業改善に役立てることができる。さらに、学習後には、資質・能力の向上を確認するために事後テストを行ったり、評定をつけるための評価を行ったり、授業がうまくいったか確認したりするために、「総括的評価」を行うことができる。このように、様々なタイミングで評価は実施され、様々な役割を担うことになる。

９．学習評価の考え方と構造

　国立教育政策研究所は、平成29・30・31年改訂の学習指導要領に対応した学習評価の説明資料として、「学習評価の在り方ハンドブック」を公開している。このハンドブックでは、学習評価について「学校における教育活動に関し、児童生徒の学習状況を評価するもの」と基本的な考え方を示している。そして、学習者にどのような力がついたかという学習の成果を捉える目的として、教師が指導の改善を図ることや、学習者自身が自らの学習を振り返って次の学習に向かうことができるようにすることが挙げられている。指導と評価を一体のものとして行う重要性について、その考え方と構造が説明されている。
　平成29・30・31年改訂の学習指導要領では、各教科等の「目標」「内容」の

記述が、資質・能力の３つの柱「知識及び技能」「思考力、判断力、表現力等」「学びに向かう力、人間性等」で再整理された。それを踏まえ、各教科における観点別学習状況の評価については、「知識・技能」「思考・判断・表現」「主体的に学習に取り組む態度」の３観点に整理された。この３つの観点別評価を総括して、「評定」として５段階（小学校は３段階。小学校低学年は行わない。）の評価を行うこととされている。

　なお、「学びに向かう力、人間性等」には、「主体的に学習に取り組む態度」として観点別評価（学習状況を分析的に捉える）を通じて見取ることができる部分と、観点別評価や評定にはなじまず、こうした評価では示しきれないことから個人内評価を通じて「感性、思いやりなど」１人１人のよい点や可能性、進歩の状況について見取る部分がある。また、「主体的に学習に取り組む態度」は、知識及び技能を獲得したり、思考力、判断力、表現力等を身に付けたりすることに向けて「粘り強い取組を行おうとする側面」と「自らの学習を調整しようとする側面」という２つの側面から評価することが求められている。

　では、各教科における「知識・技能」「思考・判断・表現」「主体的に学習に取り組む態度」の３観点を評価する方法にはどのようなものがあるのだろうか。以下では、同ハンドブックに記載されている具体例を示す。

　「知識・技能」の評価の方法としては、ペーパーテストにおいて「事実的な知識の習得を問う問題」や「知識の概念的な理解を問う問題」で確認する方法だけでなく、文章による説明をしたり、各教科等の内容の特質に応じて観察・実験をしたり、式やグラフで表現したりするなど、「実際に知識や技能を用いる場面を設ける」など、多様な方法を取り入れていくことが示されている。

　「思考・判断・表現」の評価の方法としては、ペーパーテストのみならず、論述やレポートの作成、発表、グループや学級における話し合い、作品の制作や表現等の多様な活動を取り入れたり、それらを集めたポートフォリオを活用したりするなどの方法が示されている。

　「主体的に学習に取り組む態度」の評価の方法としては、ノートやレポート等における記述、授業中の発言、教師による行動観察や、学習者による自己評

価や相互評価等の状況を教師が評価を行う際に考慮する材料の1つとして用いるなどの方法が示されている。

　これらの3つの観点による評価は、1回の授業で全て実施するものではない。単元や題材などの内容や時間のまとまりごとに実現状況を把握できる段階で行うことになる。

【引用文献・参考文献】（URLは、2023年7月15日確認）

市川　尚（2019）「設計の基礎(2)　評価をデザインする」稲垣　忠（編）『教育の方法と技術―主体的・対話的で深い学びをつくるインストラクショナルデザイン』北大路書房

井口圭一（2011）「『水溶液の性質って？』でパフォーマンス課題をデザインする」田中耕治（編）『パフォーマンス評価―思考力・判断力・表現力を育む授業づくり』ぎょうせい

石井英真（2022）「教育評価の立場―評価の物差しにはどんな違いがあるのか」西岡加名恵・石井英真・田中耕治（編）『新しい教育評価入門―人を育てる評価のために［増補版］』有斐閣

文部科学省（2019）　国立教育政策研究所教育課程研究センター「学習評価の在り方ハンドブック小・中学校編」https://www.nier.go.jp/kaihatsu/pdf/gakushuhyouka_R010613-01.pdf

西岡加名恵・田中耕治（編）（2009）『「活用する力」を育てる授業と評価 中学校―パフォーマンス課題とルーブリックの提案』学事出版

三宮真智子（編）（2008）『メタ認知―学習力を支える高次認知機能』北大路書房

渡辺貴裕（2015）「学力評価の方法　評価の質をどう高めるのか」西岡加名恵・石井英真・田中耕治（編）『新しい教育評価入門―人を育てる評価のために［増補版］』有斐閣

ICT活用の意義と在り方

【本章の概要】 本章では、「情報通信技術の活用の意義と理論を理解する」ために、「社会的背景の変化や急速な技術の発展も踏まえ、個別最適な学びと協働的な学びの実現や、主体的・対話的で深い学びの実現に向けた授業改善の必要性など、情報通信技術の活用の意義と在り方」について学ぶ。

【教育方法について考える】 小学校6年生の担任になったつもりで考えてもらいたい。社会科の授業をする際に、どのような学習内容で、どのようにICTを活用する学習活動を行うとよいだろうか。以下3つの学びに該当する活動を挙げてみよう。
(1) 指導の個別化としての個別最適な学び
(2) 学習の個性化としての個別最適な学び
(3) 協働的な学び

1．社会状況の変化とICT

　現在、社会における様々な分野において情報化が進められており、ICTの活用が行われている。教育においても、「教育の情報化」というキーワードのもと、様々な取り組みが行われている。教育の情報化とは、情報通信技術のもつ「時間的・空間的制約を超える」「双方向性を有する」「カスタマイズを容易にする」といった特長を活かして教育の質の向上を目指す取り組みであり、「情報教育」「教科・領域の指導におけるICT活用」「校務の情報化」が含まれる。
　情報教育とは、情報活用能力を育成することを目的とした教育のことである。教科・領域の指導におけるICT活用とは、ICTを効果的に活用したわかりやすく深まる授業の実現を目指すことである。そして、校務の情報化とは、教職員がICTを活用した情報共有によりきめ細かい指導を行うことや、校務の負担軽

減等を行うことである。教育の情報化には、「教師のICT活用指導力等の向上」「学校のICT環境の整備」「教育情報セキュリティの確保」など、その実現を支える基盤を整えることが必要になる。そして、そのための様々な取り組みが進められている。教育の情報化に対応するために、教員養成を行う教職課程においてもICTや情報活用能力に関する学習内容が位置付けられるようになった。

　文部科学省の「教育の情報化に関する手引（追補版）」では、社会的背景の変化や急速な技術の発展などとの関係が説明されている。現代には、知識・情報・技術をめぐる変化の速さが加速していることや、情報化やグローバル化といった社会的変化が、人間の予測を超えて進展しているという背景がある。とりわけ、第4次産業革命ともいわれる、人工知能（AI:Artificial Intelligence）、ビッグデータ、IoT（Internet of Things）、ロボティクス等の技術の急速な進展に伴って、これらの先端技術が高度化してあらゆる産業や社会生活に取り入れられた。社会の在り方そのものが現在とは劇的に変わる「Society5.0」時代の到来が予測されており、そうした社会においては、情報や情報技術を受け身で捉えるのではなく、主体的に選択し活用していく力が求められることになると説明されている。

　そうした背景を受けて、「これからの学びにとっては、ICTはマストアイテムであり、ICT環境は鉛筆やノート等の文房具と同様に教育現場において不可欠なものとなっていることを強く認識し、その整備を推進していくとともに、学校における教育の情報化を推進していくことは極めて重要である」というように、ICTは特別なものではなく、人が学ぶための道具の1つとして、あたり前のように活用できるようになる重要性が示されている。

2．主体的・対話的で深い学びとICTの活用

　平成29・30・31年に改訂された学習指導要領では、「何を学ぶか」だけではなく「何ができるようになるか」「どのように学ぶか」を重視した考え方が示されている。育成することを目指す資質・能力は、「実際の社会や生活で生き

て働く知識及び技能」「未知の状況にも対応できる思考力、判断力、表現力など」「学んだことを人生や社会に生かそうとする学びに向かう力、人間性など」の3つに整理された。また、教師には「主体的・対話的で深い学び」を実現するための授業改善が求められている（文部科学省　2017）。

　それと関連して、学校の学習環境は大きく変化している。具体的には、文部科学省「GIGAスクール構想」に基づいて1人1台端末と高速インターネットなどの整備と活用が進められている。図6-1に示した「令和3年度学校における教育の情報化の実態等に関する調査結果（概要）（令和4年3月1日現在）［確定値］」によれば、2020年3月に4.9人という数値だった「教育用コンピュータ1台あたりの児童生徒数」は、2021年に1.4人となった。さらに、2022年には、1人1台端末の環境を実現できていない地域があるものの、全体平均では0.9人というように1人1台を超えるまでになった（文部科学省　2022）。

　それに伴い、転送・分割提示、相互閲覧・コメント、共同編集などを可能にする授業支援システムや学習者用デジタル教科書・デジタル教材、AIドリル教材、CBT（Computer Based Testing）システムなどの開発・普及も進められているし、地域

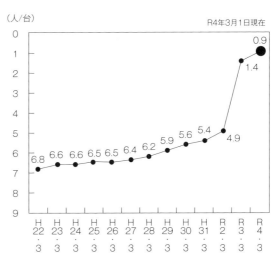

※「教育用コンピュータ」とは、主として教育用に利用しているコンピュータのことをいう。教職員が主として校務用に利用しているコンピュータ（校務用コンピュータ）は含まない。
※「教育用コンピュータ」は指導者用と学習者用の両方を含む。
※「教育用コンピュータ」はタブレット型コンピュータのほか、コンピュータ教室等に整備されているコンピュータを含む。

図6-1　教育用コンピュータ1台あたりの児童生徒数（文部科学省　2022）

によっては、常に学習に活かせるよう端末を家庭に持ち帰る取り組みも行われている。また、教育データを活用して授業改善を行う取り組みについても検討が進められている。このように学校現場におけるICT活用が、着実に進められている（中橋　2023）。では、主体的・対話的で深い学びとICTの関係はどのようなところにあるのだろうか。

　まず、学ぶことに興味や関心をもち、自己のキャリア形成の方向性と関連付けながら見通しをもって粘り強く取り組み、自己の学習活動を振り返って次につなげる「主体的な学び」が実現できているかという視点での授業改善が求められている。ICTを活用することで、学びたいと思った時にインターネットで情報を検索して調べることができる。また、まとめたものを他者と共有することができるため、教師や他の学習者から助言をもらいながら学習に取り組むことができる。例えば、eポートフォリオとして端末上に学習の記録を溜めておくことで、自己の学習活動を振り返る活動を支援できる。

　次に、学習者同士の協働、教職員や地域の人との対話、先哲の考え方を手掛かりに考えること等を通じ、自己の考えを広げ深める「対話的な学び」が実現できているかという視点での授業改善が求められている。対話的に学ぶ際には、人と人との間を取り持つメディアとしてICTを活用することができる。作品やワークシートに考えを表現し、学級内で共有することができる機能を使えば、他の人から自分が考え付かなかったようなものの見方・考え方・表現の仕方を学ぶことができる。また、教室という壁を超えて、遠隔地の学校の学習者や専門家と話し合いながら学ぶこともできる。

　さらに、習得・活用・探究という学びの過程の中で、各教科等の特質に応じた「見方・考え方」を働かせながら、知識を相互に関連付けてより深く理解したり、情報を精査して考えを形成したり、問題を見いだして解決策を考えたり、思いや考えを基に創造したりすることに向かう「深い学び」が実現できているかという視点での授業改善が求められている。ICTは、考えを整理したり、表現して創造したりすることに活用できるため、こうした学びに役立てることができると考えられる。

３．新しい時代の初等中等教育の在り方

　2021（令和３）年１月26日に中央教育審議会答申「『令和の日本型学校教育』の構築を目指して〜全ての子供たちの可能性を引き出す、個別最適な学びと、協働的な学びの実現〜」（以下、「答申」と省略する）という文書が公開された。これは、文部科学大臣から「新しい時代の初等中等教育の在り方について」諮問されたことに対する中央教育審議会の答申で、学習指導要領に基づく学校教育を進めていくための考え方や条件整備についての意見が整理されたものである。

　この答申において、「個別最適な学び」と「協働的な学び」を一体的に充実させることによって、「主体的・対話的で深い学び」の実現に向けた授業改善につなげ、資質・能力を育成するという学習者の学びの姿が示されている。個別に学んだことを持ち寄ってこそ協働的な学習の質は高まる。また、協働的な学習活動を行う中で個別に学ぶ必要性や意欲が高まるということがある。そのため、個別学習か協働学習かという二項対立で捉えるのではなく、一体のものとして充実させる重要性が強調されている。

　「個別最適な学び」は、教師の側が行う「個に応じた指導」を学習者の視点から整理した概念である。学習者が自己調整しながら学習を進めていくことができるよう指導する重要性が指摘されている。「個別最適な学び」には、「指導の個別化」と「学習の個性化」の２つの考え方が含まれている。以下では、「指導の個別化としての個別最適な学び」「学習の個性化としての個別最適な学び」「協働的な学び」の３つに分け、その内容とICT活用との関連について説明する。

（１）　指導の個別化としての個別最適な学び

　「指導の個別化」は、答申において以下のように説明されている。

全ての子供に基礎的・基本的な知識・技能を確実に習得させ、思考力・判断力・表現

　教師の立場で考えるならば、学習者1人1人の特性・学習進度・学習到達度等に応じて、重点的な指導や指導方法・教材を助言するといったように「個に応じた指導」を行うということである。一定の目標を全ての学習者が達成することを目指すが、個々の学習者が異なる方法で学習を進めることになる。

　こうした「指導の個別化としての個別最適な学び」を実現させるために、ICTを活かすことができると考えられる。例えば、ICTは、使用できる教材や学習方法の幅を広げてくれるため、学習者に適した学び方を選択することができる。また、練習問題の出題・採点・解説を自動で行うアプリを使えば個々のペースで学習を進めることができる。さらに、ICTを通じて得られた学習状況のデータを教師が把握・分析することで、個別に指導・支援を行いやすくなる。学習履歴（スタディ・ログ）、生活・健康面の記録（ライフ・ログ）等、学習者に関する様々なデータを可視化し、学習方法等を提案するツールなどの活用も考えられる。そのような新たな情報手段の活用も含め、学習者が自らの状態を様々なデータを活用しながら把握し、自らに合った学習の進め方を考えることができるようになることが望まれている。こうしたことは、確実な資質・能力の育成につながると期待されている。

（2）　学習の個性化としての個別最適な学び

「学習の個性化」は、答申において以下のように説明されている。

う調整する「学習の個性化」も必要である。

　教師の立場で考えるならば、学習者1人1人の興味・関心・キャリア形成の方向等に応じて、学習者ごとに異なる学習活動や課題に取り組む機会の提供を行うということである。異なる目標に向かって学習を深め、広げることになる。学習者1人1人の個性を伸ばすという考え方である。

　こうした「学習の個性化としての個別最適な学び」を実現させるために、ICTを活かすことができると考えられる。例えば、ICTを活用することで、学習者の興味・関心に応じた情報の探索、データの処理や視覚化、レポートの作成や情報発信といった活動において、学びの質が高まり、深い学びにつながると期待できる。学習者自身が自らどのような方向性で学習を進めていったらよいか考え、学び方を選択して学習できるようになることが望まれている。

（3）　協働的な学び

「協働的な学び」は、答申において以下のように説明されている。

　探究的な学習や体験活動などを通じ、子供同士で、あるいは地域の方々をはじめ多様な他者と協働しながら、あらゆる他者を価値のある存在として尊重し、様々な社会的な変化を乗り越え、持続可能な社会の創り手となることができるよう、必要な資質・能力を育成する「協働的な学び」を充実することも重要である。

　教師の立場で考えるならば、学習者同士、あるいは地域の方々をはじめ多様な他者と協働して取り組むことによってしか得られないような学びが生じるように、チーム編成を工夫したり、課題解決に向けて助言したりすることになる。学習者1人1人のよさを活かし、異なる考え方が組み合わさることで相乗効果が得られるようにすることが望ましい。

　こうした「協働的な学び」を実現させるために、ICTを活かすことができると考えられる。例えば、複数の学習者が1枚のシートを共同で作成・編集する活動や、多様な意見を整理・共有しつつ合意形成を図る活動など、「協働的な

学び」を発展させることができる。ICTを利用して空間的・時間的制約を取り除くことによって、海外の学校と協働で国際的な問題の解決に取り組むプロジェクト学習を行うなど、今までできなかった学習活動も可能となる。

　以上のように、主体的・対話的で深い学びの実現に向けた授業改善を行うために、個別最適な学びと協働的な学びを一体的に充実させることが求められている。

4．ICT活用の意義と在り方

　ここまで、2021（令和3）年の段階で示された、これからの教育の在り方との関連におけるICT活用の意義について確認した。学習者の「資質・能力」を育成することを目的として、「主体的・対話的で深い学びを実現する授業改善」を実現させるために、「個別最適な学びと協働的な学びを一体的に充実させる」ことが求められている。そうした教育を実践する上でICTを活用する意義を確認できた。ここで示された目的は時代の変化に対応して組み替えられていくと考えられる。何のためのICT活用なのか、目的を捉え直し、実践することが重要だといえる。

　そのためにも、これまでに蓄積されてきた教育方法・ICT活用に関する研究成果から学ぶことには意義がある。1人1台端末環境の普及が全国規模で進められたのは最近のことだが、それ以前から様々な実証研究事業が行われてきた（中橋　2018a）。例えば、総務省による「フューチャースクール推進事業（2009〜2012年度）」では、ICTを活用した「協働教育等」を推進するため、学校現場における情報通信技術面を中心とした課題を抽出・分析する実証研究が行われた。実証校となった小学校10校には、普通教室に電子黒板、学習者が1人1台利用できる学習者用端末、無線LAN環境などが整備された。そして、それらがネットワークで相互に連動する協働教育プラットフォームを用いて、一斉学習・協働学習・個別学習を組み合わせた実践が積み重ねられてきた。その成果は、『教育分野におけるICT利活用推進のための情報通信技術面に関するガイ

ドライン（手引書）』『「ICTを利活用した協働教育の推進等に関する請負」調査研究報告書』としてまとめられている（総務省 2010）。

　また、文部科学省による「学びのイノベーション事業（2010～2013年度）」では、フューチャースクール推進事業実証校を含む小学校10校、中学校8校、特別支援学校2校の計20校の実証校で研究が行われた。学習者1人1台端末、電子黒板、無線LAN等が整備された環境のもとで、ICTを活用して主体的に学習する「新しい学び」を創造するための実証研究である。「小中学校のICT活用に関する取組」、「特別支援学級のICT活用に関する取組」、「ICTを活用した指導方法の開発」、「ICTを活用した教育の効果」検証、「ICT活用の留意事項」の整理、「学習者用デジタル教科書・教材の開発」などが行われ、ICTを効果的に活用した教育を推進していく方策が示された（文部科学省 2014）。

　中橋（2014）は、こうしたICTの環境が拡張する教室内のコミュニケーションパターンについて検討している。1人1台端末を用いて「ワークシートを配布・回収する」「学習者の思考をモニタリングして支援する」「学習者の思考を教材にする」というように教師と学習者を結ぶ方法だけでなく、学習者間で「画面に入力した考えを直接及びネット経由で見せ合う」「複数の端末で1つのシートを共同編集する」といったコミュニケーションの経路を提示している。それを踏まえ、「答えが1つに決まる学習」と「答えが1つに決まらない学習」それぞれに適した使い方が確認できたことを報告している。

　また、中橋（2018b）は、学習環境を含む「学級」を、教師と学習者を構成員とする1つの「社会」と捉え、そこで形成される学級文化に目を向ける重要性について指摘している。例えば、教師が黒板に書いたことを学習者が端末のカメラで撮影する行為について考えてもらいたい。撮影を認める文化であれば、撮影しただけで満足して内容が頭に残らないということにならないよう留意する必要があるものの、書き写す作業時間を減らすことで深く思考する時間を増やすことができるかもしれない。撮影を禁止する文化が共有されれば、そうしたよい面も失われていく。テクノロジーがもたらすことは、学級によって異なる意味をもつ。学習にとって望ましいICT活用や学級文化の在り方を考え、授

業を設計することが重要になる。

　教育・学習のための道具が変化することは、単に「教えやすくなる・学びやすくなること」としてだけでなく「人の思考の様式や学習の在り方を根本的な部分から変化させること」として受け止める必要がある。試行錯誤の中で上手くいかなかった授業実践も数多く存在していると考えられるが、得られた成果が受け継がれ、教育のためのICT環境も教師の授業力も進化し続けてきた。同じ失敗を繰り返さないために、また、新たな進化を遂げるために教育そのものの在り方を問い直していくことが重要になると考えられる（中橋　2023）。

5．メディア・リテラシーの必要性

　学習者1人1台端末を活用した「主体的・対話的で深い学び」を実現するためには、学習者がメディアの特性を理解した上で、主体的にメディアを選択し、情報を読み解いたり、自分の考えを表現・発信したりすることができる必要がある。私たちは、学校だけでなく日常生活においてもメディアを通じて知識や技能を身に付け、それらを活用して課題を解決する。また、世の中の出来事や多様な価値観に触れ、自分の頭の中にある「現実」の認識や価値観を形成しながら学習し、成長している。「メディアは一面を切り取って伝えられたもので現実そのものではなく別の見方もできるかもしれない」と受け止めることができるメディア・リテラシーは、民主主義の基盤として社会生活に必要な能力であると同時に、人が学び、成長するために必要とされる能力だといえる。

　学習者は、授業内外において、教師の与える教材以外のものから学ぶ機会が増えると考えられる。これまでも、教科書や参考書だけでなく、図書やテレビ、ラジオ、新聞や雑誌、家族と共用であってもPCやタブレットなどを通じて学ぶことができる環境があった。それに加え、1人1台端末を利用できる共通の環境が整いつつある意味は大きい。学習指導要領では、主体的・対話的で深い学びを実現させる授業改善が求められている。そうした教育を通じて自己調整的に学び続け、学んだことを伝え合い、学び合う学習者が育つことが期待され

る。「学びたい」「探究したい」「学んだことを伝えたい」という気持ちを満たすために、1人1台端末は活かされるに違いない。

その一方で、意図をもって発信された多様な情報を通じて学習者が主体的に学びを深めていくためには、相応のメディア・リテラシーが求められることになる。メディア・リテラシーとは、「メディアの意味と特性を理解した上で、受け手として情報を読み解き、送り手として情報を表現・発信するとともに、メディアの在り方を考え、行動していくことができる能力」である（中橋2014）。これは、情報内容に対する個人の読み・書き能力に留まるものではなく、それを活かして多様な他者とメディアの在り方について考え、社会を開発するための能力である。

例えば、1人1台端末を活用して、主体的に調べ学習を行う際、その資料として報道記事を参照する機会が増えると考えられる。その際には、メディアは送り手の意図によって構成されているもので、事実を伝えているものでも光の当て方によって、印象が大きく異なることを理解する必要がある。送り手がどのようなつもりで表現したものなのか、慎重に読み解くことが求められる。また、自分で勝手な解釈をしないようにする必要もある。さらに、送り手として表現・発信する際には、自分が思った通りに受け手は受け止めてくれないという前提で表現の仕方を工夫することや、責任をもって発信することが必要である。

さらに、情報内容（コンテンツ）だけでなく社会基盤（インフラストラクチャー）としてのメディアの特性も理解しておくことが重要である。例えば、ニュースサイトやSNSでは、閲覧履歴などから視聴者が好む記事をおすすめしてくれる仕組みがある。その仕組みによって「見たいものだけを見る」「信じたいものだけを信じる」ようになり、考えが異なる人々との関わりを避けることに慣れてしまう構造がある。その構造が社会を分断させ、争いや混乱を生む危険性を孕んでいる。こうした特性を学び、建設的に問題を解決する能力を育む必要がある。

メディア・リテラシーを育む学習活動は、様々な教科領域に位置付けて実践

可能であることから、その重要性を感じている学校や教師は、教科横断的に実践を行ってきた。しかし、1人1台端末を利活用した家庭学習において学習者が自ら学ぶ場面を想定し、より実践的なものにバージョンアップしていく必要があるだろう。また、家庭教育においては、保護者の理解や協力も必要になる。先人の知を活かし、家庭とも連携して、これからのメディア・リテラシー教育の在り方を検討していくことが重要である。

【引用文献・参考文献】（URLは、2023年7月15日確認）

中央教育審議会（2021）「『令和の日本型学校教育』の構築を目指して―全ての子供たちの可能性を引き出す、個別最適な学びと、協働的な学びの実現（答申）」https://www.mext.go.jp/content/20210126-mxt_syoto02-000012321_2-4.pdf

文部科学省（2022）「令和3年度学校における教育の情報化の実態等に関する調査結果（概要）（令和4年3月1日現在）［確定値］」https://www.mext.go.jp/a_menu/shotou/zyouhou/detail/mext_00026.html

中橋　雄（2014）「タブレット端末が可能にするコミュニケーション」中川一史・寺嶋浩介・佐藤幸江（編）『タブレット端末で実現する協働的な学び―xSync　シンクロする思考』フォーラム・A

中橋　雄（2018a）「タブレット端末の可能性」『学習情報研究』2018年7月号，pp.6−7

中橋　雄（2018b）「1人1台タブレットPCを活用する学習環境」久保田賢一・今野貴之（編）『主体的・対話的で深い学びの環境とICT―アクティブ・ラーニングによる資質・能力の育成』東信堂

中橋　雄（2021）『【改訂版】メディア・リテラシー論―ソーシャルメディア時代のメディア教育』北樹出版

中橋　雄（2023）「学習者1人1台情報端末環境における授業設計を行う上での留意点」『公益財団法人日本教材文化研究財団　研究紀要』52，pp.15−21

総務省（2010）「フューチャースクール推進事業（平成22年度〜25年度）」http://www.soumu.go.jp/main_sosiki/joho_tsusin/kyouiku_joho-ka/future_school.html

07

特別支援とICT

【本章の概要】 本章では、「情報通信技術の活用の意義と理論を理解する」ために、「特別な支援を必要とする児童及び生徒に対する情報通信技術の活用の意義と活用に当たっての留意点」について学ぶ。

【教育方法について考える】 特別な支援を必要とする学習者に対して授業をする教師になったつもりで考えてもらいたい。文部科学省「教育の情報化に関する手引（追補版）」では、「コンピュータや情報通信ネットワークなどのICTは、特別な支援を必要とする児童生徒に対して、その障害の状態や特性及び心身の発達の段階等に応じて活用することにより、学習上又は生活上の困難を改善・克服させ、指導の効果を高めることができる重要な手段である。」というように、特別支援教育における教育の情報化の意義を説明している。特別な支援を必要とする学習者が学習上の困難を改善・克服するために、どのような場面で、どのようなICTを活用する授業をするとよいだろうか。（1）視覚障害（2）聴覚障害（3）肢体不自由（4）病弱（5）知的障害（6）発達障害、それぞれについて考えてみよう。

1. 特別支援教育とは

特別支援教育について文部科学省のWebサイトに次のような説明がある。

「特別支援教育」とは、障害のある幼児児童生徒の自立や社会参加に向けた主体的な取組を支援するという視点に立ち、幼児児童生徒一人一人の教育的ニーズを把握し、その持てる力を高め、生活や学習上の困難を改善又は克服するため、適切な指導及び必要な支援を行うものです。平成19年4月から、「特別支援教育」が学校教育法に位置づけられ、すべての学校において、障害のある幼児児童生徒の支援をさらに充実していくこととなりました。

文部科学省「特別支援教育について」
（https://www.mext.go.jp/ a _menu/shotou/tokubetu/main.htm）

　また、文部科学省（2020ｂ）の「特別支援教育におけるICTの活用について」
という資料では、現在、特別支援学校や小・中学校の特別支援学級、障害に応
じた特別の指導いわゆる「通級による指導」においては、特別の教育課程や少
人数の学級編制のもと、特別な配慮により作成された教科書、専門的な知識・
経験のある教職員、障害に配慮した施設・設備等を活用して指導が行われてい
るということが説明されている。そして、特別支援教育は、発達障害も含めて、
特別な支援を必要とする学習者が在籍する全ての学校において実施されるもの
であるということが強調されている。
　このように、通常の学級に在籍する障害のある学習者に対しても、合理的配
慮の提供を行うことが求められている。合理的配慮については、内閣府による
「『合理的配慮』を知っていますか？」というリーフレットに、次のように説明
されている。

　合理的配慮は、障害のある人から、社会の中にあるバリアを取り除くために何らかの
対応を必要としているとの意思が伝えられたときに、負担が重すぎない範囲で対応する
こと（事業者においては、対応に努めること）が求められるものです。重すぎる負担があ
るときでも、障害のある人に、なぜ負担が重すぎるのか理由を説明し、別のやり方を提
案することも含め、話し合い、理解を得るように努めることが大切です。

　また、内閣府「合理的配慮等具体例データ集　合理的配慮サーチ」では、教
育に関するページに、以下のような「合理的配慮の提供の例」が挙げられてい
る。

・聴覚過敏の児童生徒のために机・いすの脚に緩衝材をつけて雑音を軽減する
・視覚情報の処理が苦手な児童生徒のために黒板周りの掲示物の情報量を減らす
・支援員等の教室への入室や授業・試験でのパソコン入力支援、移動支援、待合室での
　待機を許可する
・意思疎通のために絵や写真カード、ICT機器（タブレット端末等）を活用する

・入学試験において、別室受験、時間延長、読み上げ機能等の使用を許可する

　このように、様々な合理的配慮の内容の中にも、ICTを活用することに関するものを確認することができる。これらは一例であるが、特別支援教育について、ICTはどのように位置付けられるのであろうか。通常の学級に在籍する障害のある学習者に対しても支援を行う必要があるということを理解した上で、特別支援学校を対象とした学習指導要領の内容を確認する。

2．必要とされる支援とICT

　特別支援教育の学習指導要領では、各教科の指導計画の配慮事項として、障害種ごとにコンピュータ等のICTの活用に関する規定を示し、指導方法の工夫を行うことや、指導の効果を高めることを求めている。表7−1は、文部科学省「特別支援学校　幼稚部教育要領　小学部・中学部学習指導要領（平成29年4月告示）」から、障害種別に記述されているICT活用と関わる内容を抜粋したものである。なお、文部科学省「特別支援学校　高等部学習指導要領（平成31年2月告示）」では、「児童」の部分が「生徒」になっていることと、視覚障害の記述において「各種教材の効果的な活用を通して、児童が容易に情報を収集・整理し」の部分が「各種教材の活用を通して、生徒が効率的に多様な情報を収集・整理し」になっていることを除き、その他の内容は同じものである。

　これらの記述からは、「ICTは様々な機能をもっていること」「それだけに、とにかく使えば効果があるというものではない」ということがわかる。つまり、障害による困難を乗り越えるために有効な機能を活用してこそ意味があるということである。指導の効果を高めるために、何をどのように活用する必要があるか考えることが重要である。また、「指導の効果を高める」といっても、教師の指導力を支援してくれるものとして活用するだけでなく、学習者のその後の学び方や日常生活にも活かされることを意識してICTの活用を位置付けることが望ましいだろう。

表7-1　学習指導要領における障害とICT活用に関する記述（文部科学省　2017）

視覚障害	視覚補助具やコンピュータ等の情報機器、触覚教材、拡大教材及び音声教材等各種教材の効果的な活用を通して、児童が容易に情報を収集・整理し、主体的な学習ができるようにするなど、児童の視覚障害の状態等を考慮した指導方法を工夫すること。
聴覚障害	視覚的に情報を獲得しやすい教材・教具やその活用方法等を工夫するとともに、コンピュータ等の情報機器などを有効に活用し、指導の効果を高めるようにすること。
肢体不自由	児童の身体の動きや意思の表出の状態等に応じて、適切な補助具や補助的手段を工夫するとともに、コンピュータ等の情報機器などを有効に活用し、指導の効果を高めるようにすること。
病弱	児童の身体活動の制限や認知の特性、学習環境等に応じて、教材・教具や入力支援機器等の補助用具を工夫するとともに、コンピュータ等の情報機器などを有効に活用し、指導の効果を高めるようにすること。
知的障害	児童の知的障害の状態や学習状況、経験等に応じて、教材・教具や補助用具などを工夫するとともに、コンピュータや情報通信ネットワークを有効に活用し、指導の効果を高めるようにするものとする。

　特別支援教育において、ICTを活用する目的には、様々なものがある。金森（2022）は、実践事例を分析し、ICTが何を支援しているかということについて、4観点9項目で整理している。

```
Aコミュニケーション支援
　A1意思伝達支援
　A2遠隔コミュニケーション支援
B活動支援
　B1情報入手支援
　B2機器操作支援
　B3時間支援
C学習支援
　C1教科学習支援
　C2認知発達支援
　C3社会生活支援
D実態把握支援
　D1実態把握支援
```

こうした整理を参考にして適用可能性を探り、実践をデザインすることができるだろう。その上で、目的としていた支援が有効に機能しているか「形成的評価」を行い、授業改善につなげていくことが重要であろう。

３．学習上の困難さを改善するICT活用

　文部科学省（2020ｂ）の「特別支援教育におけるICTの活用について」では、特別支援教育におけるICTの活用には２つの視点が必要になるということが示されている。

　１つ目は、「教科指導の効果を高めたり、情報活用能力の育成を図ったりするためにICTを活用する視点」である。これは、障害の有無や学校種を越えた共通の視点であるといえる。「特別支援学校　幼稚部教育要領　小学部・中学部学習指導要領（平成29年4月告示）」には、「各学校においては、児童又は生徒の障害の状態や特性及び心身の発達の段階等を考慮し、言語能力、情報活用能力（情報モラルを含む。）、問題発見・解決能力等の学習の基盤となる資質・能力を育成していくことができるよう、各教科等の特質を生かし、教科等横断的な視点から教育課程の編成を図るものとする。」という記載を確認することができる（「特別支援学校　高等部学習指導要領（平成31年2月告示）」では「児童又は生徒」が「生徒」になっている）。各教科等の授業において、他の学習者と同様にICTを活用した授業を実践することになる。

　２つ目は、「障害による学習上または生活上の困難さを改善・克服するためにICTを活用する視点」である。これは、自立活動に関するものであり、特別な支援が必要な学習者に特化した視点だといえる。各教科及び自立活動の授業において、個々の実態等に応じて実践することになる。

　本章では、特に２つ目の視点である「障害による学習上または生活上の困難さを改善・克服するためにICTを活用する視点」について考える。まず、特別支援教育におけるICT活用の必要性について考える。障害による学習上または生活上の困難さを改善・克服するためにどのようにICTを活用することができ

るだろうか。

　障害の状態や特性、それに伴う「学びにくさ」は、多様かつ個人差が大きい。その点において、障害のない児童生徒以上に、特別な支援が必要になるといえる。特別の支援を必要とする学習者の困難には、「身体の障害による学習上の困難」と「知的障害や発達障害による学びにくさやコミュニケーションの困難」がある。身体の障害による学習上の困難については、視覚障害、聴覚障害、肢体不自由、病弱などがある。知的障害や発達障害による学びにくさやコミュニケーションの困難については、自閉症、情緒障害、言語障害、注意欠陥多動性障害、学習障害などがある。理解や意思表示を支援するためにICT機器の活用が有効だと考えられているが、障害の特性に応じたICT機器や補助具の活用について考えていく必要がある。

　以下では、文部科学省（2020ｂ）「特別支援教育におけるICTの活用について」で挙げられている障害種別のICT活用の例を確認する。

（1）視 覚 障 害

　視覚障害は、「見えにくい」「見えない」といった点に学習上の困難さがあるという特性がある。教師には、視覚補助具やコンピュータ等の情報機器、触覚教材、拡大教材及び音声教材等各種教材の効果的な活用を通して、学習者が容易に情報を収集・整理し、主体的な学習ができるようにすることなど、学習者の視覚障害の状態等を考慮した指導方法を工夫することが求められている。

　視覚障害の中でも「見えにくい」という弱視の学習者に対しては、視覚情報をその学習者の見やすい文字サイズやコントラストに変換することにICTを活用することができる。例えば、タブレットの表示を白黒反転にした方が見やすくなる学習者の場合には、そうした設定を選択するとよい。また、タブレットのカメラ機能で撮影したものを拡大したり、小さいものや動いているものを手元でじっくり観察したりできる点も、見えにくさの解消に役立つだろう。

　視覚障害の中でも「見えない」という盲の学習者に対しては、視覚情報を点字や音声に変換することにICTを活用する例がある。例えば、文字のデータを

入力するとピンが上下に動いて点字を作り出す装置「点字ディスプレイ（ピンディスプレイ）」を使うことができる。また、読み上げソフトを使って、音声で確認するという使い方も考えられる。

（2） 聴覚障害

　聴覚障害は、音や話し言葉が「聞こえにくい」または「聞こえない」といった点に学習上の困難さを抱えている点に特性がある。騒々しい場所で話された言葉を聞き取ることができないこともある。得られる情報が限られたものになることで学習についていけなくなることがある。教師には、視覚的に情報を獲得しやすい教材・教具やその活用方法を工夫するとともに、コンピュータ等の情報機器などを有効に活用し、指導の効果を高めることが求められている。聞こえにくい、聞こえないという聴覚障害をもつ学習者に対しては、聴覚情報とそれが表す意味内容などの情報を視覚化することにICTを活用することができる。大型のディスプレイに教科書を拡大提示して、見て理解できるよう支援することができる。他にも、授業中の発話をコンピュータで音声認識させて文字に変換してタブレット等の画面に表示させるといったように、見て理解できるようにするといった支援も考えられるだろう。

（3） 肢体不自由

　肢体不自由は、「動きにくさ」という特性がある。例えば、手が動きにくくキーボードで入力できないということがある。その場合には、手を使わない入力装置を活用することが考えられる。教師には、学習者の身体の動きや意思の表出の状況等に応じて、適切な補助具や補助的手段を工夫するとともに、コンピュータ等の情報機器などを有効に活用し、指導の効果を高めることが求められている。肢体不自由の学習者に対しては、身体機能の状態や体調の変化などに応じて、意思の表出を補助し、他者と触れ合う機会を提供するのにICTを活用する例がある。例えば、視線入力装置を用いて文字を書いたり、絵を描いたりすることをICTで補助するといったように、専用の機器やセンサーによって

入力支援を行うことができる。また、教室に行くことが困難な場合でも、遠隔合同授業を可能にさせるシステムを使うことで、多様な意見に触れる学習を支援することができる。

（4）病　　弱

　病弱者である学習者は、病気や治療のため、身体の動きが制限されるといった困難さを抱えているという特性がある。教師には、学習者の身体活動の制限や認知の特性、学習環境等に応じて、教材・教具や入力支援機器等の補助用具を工夫するとともに、コンピュータ等の情報機器などを有効に活用し、指導の効果を高めることが求められている。病弱の学習者に対しては、高速大容量通信ネットワークを病院や自宅等で活用できるようにして、遠隔教育を実施するためにICTを活用する例がある。例えば、学校と入院中の学習者がいる病院をつなぎ、同時双方向型、または、オンデマンド型で授業を実施する実践が行われている。また、タブレット端末などで利用できる自習教材を病室に持ち込み、理解度・進度に合ったコンテンツで学習するといったことも行われている。

（5）知 的 障 害

　知的障害は、言葉を聞いたり、文字を読んだりして説明を理解したり、抽象的なことを理解することに困難さを抱えているといった特性がある。教師には、学習者の知的障害の状況や学習状況、経験等に応じて、教材・教具や補助用具などを工夫するとともに、コンピュータや情報通信ネットワークを有効に活用し、指導の効果を高めることが求められる。例えば、抽象的な内容を学ぶ困難さに対しては、学習ソフトを使って視覚的に理解しやすい具体例を提示したり、自分で操作したりしながら学ぶことが有効だと考えられる。残り時間を把握しにくいといった時間管理に関する困難さについては、情報端末で視覚的に理解しやすいタイマー表示を選択して使うといった工夫も考えられる。また、発語による意思表示が困難な学習者でもアイコンを用いることで意思表示しやすくなることがある。そうした意思表示の道具としてICTを活用することも考えら

れる。

（6）　発達障害

　発達障害は、学習上の困難さを抱えているといった特性がある。例えば、「音読」「ノートテイキング」「考えをまとめる」「声に出して発表する」といった、よく見られる学習の方法を苦手とすることがある。こうした困難さについて、ICTは、特定の方法に縛られずに、自分の得意とする学び方を選択できる可能性を与えてくれる。教科指導における読みや書き、思考の整理などにおける困難を軽減・解消するためにICTを活用することができるだろう。例えば、デジタル教科書・教材の読み上げ機能や書き込み機能を活用することにより、内容理解を促すことができる。また、プレゼンテーションツールを活用して、文字を書いたり図形を描いたりしやすくすることで、自分の考えを表現しやすくすることができる。さらに、自学自習をサポートするアプリによって、いつでもどこでも学習しやすい状況を作ることができる。発達障害は、学習者がどのようなことに困っているのか、教師の側からわかりにくいという特性もある。ICTを活用し、学習記録を共有・確認することで、そうした困難を発見しやすくなることも期待できる。また、その解決のためにICTを活用できる可能性がある。

　以上のように、障害による学習上または生活上の困難さを改善・克服するためにICTを活用することができると考えられる。ここで確認したように、障害種別の特性に配慮することや学習者が抱えている学習上の困難さを把握することと、それに適したICTの活用を検討・実施・改善することが重要である。

4．特別支援教育におけるICT活用の留意点

　最後に、特別支援教育においてICTを活用する上での留意点について検討する。それは、闇雲にICTを利用するだけで、学びが充実するとは考えにくいと

いうことである。

　例えば、作文の授業において文章を書き直す場合に、紙に書いたものを消す作業に抵抗を示す学習者も、パソコンであれば修正がしやすいことから取り組めるようになると期待できる。しかし、紙に書く方が得意な学習者もいるだろう。また、パソコンの読み上げ機能を活用するといった場合、音声を聴いて学ぶことが得意な人もいるが、文字を読む方が得意な人もいるだろう。忘れ物が多い学習者にリマインダー機能をもつアプリに書き込ませる指導を行うことで、思い出すことを支援できるかもしれないが、リマインダーに頼らないと覚えておけないようでは困る場合があるかもしれない。プレゼンテーションする際に発表する姿をカメラで撮影し、客観的に振り返らせることで苦手意識を解消することを支援できると考えられるが、撮られることで注意力が散漫になる人もいる。口頭で気持ちや感情を表現することが苦手な学習者にそれをパソコンで入力してもらい、教師がそれを把握することによって支援することができるが、口頭でも伝えられるようになってもらいたい。タイマー機能で時間を区切った方が集中力を高めることができる人もいれば、焦ってしまって力が出せない人もいる。他にもあると考えられるが、誰にとって、どのような困難さを解決できるのか、ということをよく考える必要がある。学びを充実させるために、効果的な場面でICTを活用する必要があるということを理解しておいてもらいたい。

　また、ICTを活用して学習者が抱える学習上の困難さを取り除く重要な役割を教師は担うことになる。しかしながら、学習者自身がICTを活用して学習上の困難さを取り除くことができる力を育むことも重要であろう。文部科学省（2020ａ）の「教育の情報化に関する手引（追補版）」では、次のようにアシスティブ・テクノロジーについて触れられている。

　障害による物理的な操作上の困難や障壁（バリア）を、機器を工夫することによって支援しようという考え方が、アクセシビリティであり、それを可能とするのがアシスティブ・テクノロジーである。これは障害のために実現できなかったこと（Disability）をできるように支援する（Assist）ということであり、そのための技術（Technology）を

指している。そして、これらの技術的支援方策を充実することによって、結果的にバリアフリーの状態を実現しようということでもある。

そして、個に応じた調整の必要性について説明した上で、以下のように、学習者自身の力を育む重要性について説明されている。

情報機器についても同様に、一度調整した内容がそのまま利用し続けられるわけではなく、学習内容などに応じた調整が必要となる。その際、大切なことは、本人の力で必要な技術についての知識と技能を身に付けさせることを最終的な目標に適用することが肝要である。

例えば、見えにくさを解消するために自分の端末の設定を自分自身でカスタマイズしたり、目的に応じて音声読み上げを活用するか判断したりできるようになるなど、学習者自身が選択できる力を育むということである。このことについては、「学習者が学ぶ方法を自由に選択できる環境を与えること」と「学習者が学ぶ方法を選択できるようにする力を育むこと」は同じではないことを理解しておいてもらいたい。学ぶ方法には選択できるだけの多様な方法があることを知り、そうした方法には特性や自分との相性があることを理解し、目的に応じた選択をすることができるように働きかける必要があるだろう。また、「この方法でやりたい」という要望があった際には、「なぜそう考えたのか？」と問うことや、「もっとよい方法はないか？」と相談することや、「試行錯誤した結果どのやり方がよかったか？」と検討して、次への見通しをもたせる教師としての役割を担ってもらいたい。

【引用文献・参考文献】（URLは、2023年7月15日確認）

金森克浩（2022）「ICT活用の4観点9項目」金森克浩（編）『新しい時代の特別支援教育における支援技術活用とICTの利用』ジアース教育新社

文部科学省（2017）「特別支援学校　幼稚部教育要領　小学部・中学部学習指導要領（平成29年4月告示）」https://www.mext.go.jp/a_menu/shotou/tokubetu/main/1380427.htm

文部科学省（2019）「特別支援学校　高等部学習指導要領（平成31年2月告示）」https://www.mext.

go.jp/ a _menu/shotou/tokubetu/main/1386427.htm

文部科学省（2020 a ）「教育の情報化に関する手引（追補版）　第 1 章　社会的背景の変化と教育の情報化」https://www.mext.go.jp/content/20200608-mxt_jogai01-000003284_002.pdf

文部科学省（2020 b ）「特別支援教育における ICT の活用について」https://www.mext.go.jp/content/20200911-mxt_jogai01-000009772_18.pdf

内閣府「『合理的配慮』を知っていますか？」https://www8.cao.go.jp/shougai/suishin/pdf/gouriteki_hairyo/print.pdf

08

ICT環境整備と
外部連携の在り方

【本章の概要】　本章では、「情報通信技術の活用の意義と理論を理解する」ために、「ICT支援員などの外部人材や大学等の外部機関との連携の在り方、学校におけるICT環境の整備の在り方」について学ぶ。

【教育方法について考える】　教師になったつもりで考えてみよう。新しい学校を作るプロジェクトチームに参画することになった。プロジェクトリーダーから「これからの時代に求められるICT環境を提案してほしい」と頼まれた。どのような教育活動をするために、どのような環境を整えてもらうように提案をするだろうか。ICT環境整備の現状を調べた上で、さらに望ましいICT環境を提案してもらいたい。

1．ICT環境整備に関わる計画と予算措置

　平成29・30・31年度改訂の学習指導要領では、教育の情報化に関係する記述を確認することができる。まず、小学校・中学校・高等学校共通の内容を確認する。各学校において学習者の発達の段階を考慮して「言語能力、情報活用能力（情報モラルを含む。）、問題発見・解決能力等の学習の基盤となる資質・能力を育成していくことができるよう、各教科等の特質を生かし、教科等横断的な視点から教育課程の編成を図るものとする。」とある。また、「情報活用能力の育成を図るため、各学校において、コンピュータや情報通信ネットワークなどの情報手段を活用するために必要な環境を整え、これらを適切に活用した学習活動の充実を図ること」とある。ここでは、学習の基盤としての情報活用能力を育む必要性とそのためのICT環境整備についての記述を確認することができる。環境を整えなければ、学習指導要領で提示されている学びを実現させるこ

とはできない。そして、それを実現するための整備計画や予算措置が行われてきた。例えば、文部科学省が公開している第3期「教育振興基本計画　平成30年6月15日閣議決定」においては、次のように示されている。

> 目標（17）ICT利活用のための基盤の整備
> 　初等中等教育段階について、①情報活用能力（必要な情報を収集・判断・表現・処理・創造し、受け手の状況などを踏まえて発信・伝達できる能力（ICTの基本的な操作スキルを含む）や、情報の科学的理解、情報社会に参画する態度）の育成、②主体的・対話的で深い学びの視点からの授業改善に向けた各教科等の指導におけるICT活用の促進、③校務のICT化による教職員の業務負担軽減及び教育の質の向上、④それらを実現するための基盤となる学校のICT環境整備の促進に取り組む。また、私立学校についても、国公立学校の状況を勘案しつつ、ICT環境整備を推進する。

　文部科学省は、平成29・30・31年度改訂学習指導要領の実施を見据え、「2018年度以降の学校におけるICT環境の整備方針」を取りまとめた。そして、その整備方針を踏まえ「教育のICT化に向けた環境整備5か年計画（2018〜2022年度）」を策定し、このために必要な予算措置を講じた。この時点で示された目標の水準は、以下の通りであった。

> ・学習者用コンピュータ　3クラスに1クラス分程度整備
> 　1日1コマ程度、児童生徒が1人1台環境で学習できる環境の実現
> ・指導者用コンピュータ　授業を担任する教師1人1台
> ・大型提示装置・実物投影機100％整備
> 　各普通教室1台、特別教室用として6台
> 　（実物投影機は、整備実態を踏まえ、小学校及び特別支援学校に整備）
> ・超高速インターネット及び無線LAN 100％整備
> ・統合型校務支援システム100％整備
> ・ICT支援員4校に1人配置
> ・上記のほか、学習用ツール（※）、予備用学習者用コンピュータ、充電保管庫、学習用サーバー、校務用サーバー、校務用コンピュータやセキュリティに関するソフトウェアについても整備
> 　（※）ワープロソフトや表計算ソフト、プレゼンテーションソフトなどをはじめとす

　その後、2019（令和元）年12月に「GIGAスクール構想の実現」という内容の補正予算が組まれた。そこには、学習者用１人１台端末と高速大容量の通信ネットワークを整備するための予算などが盛り込まれた。この措置要件の中には、「教育のICT化に向けた環境整備５か年計画（2018～2022年度）」に基づく、地方財政措置を活用した「端末３クラスに１クラス分の配備」計画が含まれており、整備が遅れていた地方自治体においては、その整備も促進されることとなった。

　GIGAスクール構想は、Global and Innovation Gateway for Allの頭文字をとったもので、令和時代のスタンダードとしての学校ICT環境を整備し、全ての学習者１人１人に最もふさわしい教育を提供しようとする構想である。その目的は、以下のように示されていた。

・　Society 5.0時代を生きる子供たちにとって、教育におけるICTを基盤とした先端技術等の効果的な活用が求められる一方で、現在の学校ICT環境の整備は遅れており、自治体間の格差も大きい。令和時代のスタンダードな学校像として、全国一律のICT環境整備が急務。

・　このため、１人１台端末及び高速大容量の通信ネットワークを一体的に整備するとともに、並行してクラウド活用推進、ICT機器の整備調達体制の構築、利活用優良事例の普及、利活用のPDCAサイクル徹底等を進めることで、多様な子供たちを誰一人取り残すことのない、公正に個別最適化された学びを全国の学校現場で持続的に実現させる。

（文部科学省「令和元年度補正予算（GIGAスクール構想の実現）の概要」）

　この当初の計画においては、2022（令和４）年度までに「教育のICT化に向けた環境整備５か年計画（2018～2022年度）」に基づく３クラスに１クラス分の整備を順次進めつつ、１人１台に足りない分を2023（令和５）年度までに整備するロードマップが描かれた。なお、この整備は、国公私立の小・中・特支等

の学習者が使用する１人１台端末に対するもので、高等学校は含まれていない。高等学校においては、「教育のICT化に向けた環境整備５か年計画（2018〜2022年度）」に基づく３クラスに１クラス分の整備が目標として示されていた。

　このように、当初2019（令和元）年から2023（令和５）年度までに１人１台端末環境を整備する計画であったが、2019（令和元）年12月以降、新型コロナウイルス感染症が急速に感染拡大した状況を受けて、方針の転換が図られた。その具体的な内容は、文部科学省「令和元年度補正予算・令和２年度第１次補正予算を合わせた全体像　GIGAスクール構想の実現」という資料で示された。これにより2023（令和５）年度に達成される予定だった１人１台端末整備に関する予算は、2020（令和２）年度に前倒しすることになり、全国の学校で一斉にICT環境整備が進められることとなった。ここには、令和元年度補正予算に加えて１人１台端末の整備を支援するための予算、急速な学校ICT化を進める自治体等のICT技術者（GIGAスクールサポーター）の配置を支援する予算、緊急時における家庭でのオンライン学習環境の整備を支援する予算なども盛り込まれた。

　さらに、令和２年度第３次補正予算案も組まれた（文部科学省　2020）。「国民の命と暮らしを守る安心と希望のための総合経済対策」（令和２年12月８日閣議決定）において、「義務教育段階で本年度中に１人１台端末環境が整備される中、高等学校段階を含む各教育段階においてICT化・オンライン化を推進し、誰ひとり取り残されることのないよう、デジタル社会にふさわしい対面指導とオンライン・遠隔教育のハイブリッドによる新しい学び方を実現していく」とされたことを踏まえ、高等学校段階における端末等の整備支援（ただし、補助には条件があった）、家庭学習のための通信機器の整備支援、学校における通信環境の円滑化に向けた整備支援等を目的として予算が計上された。

　こうした整備が進む前までは、日本のICT環境は、諸外国との比較において遅れが指摘されていた（表8−1）。しかしながら、GIGAスクール構想によってICT環境整備が急速に進められたことによって、諸外国と比較しても高い水準になったと考えられる。

なお、コロナ禍の影響もあり環境整備が進められ、オンライン授業を実施した例が報道されたが、1人1台端末は、本来オンライン授業に活用するためだけに整備されたものではない。教室の対面授業において、学習指導要領の学びを実現するために整備されたものであり、その目標を達成するための使い方をする必要があるということを理解しておく必要がある。

表8-1　先進各国における教育用コンピュータ整備率

（出典：株式会社富士通総研『教育分野における先進的なICT利活用方策に関する調査研究』）

国名	教育用コンピュータ整備率	調査年	調査対象学年※	出典
アメリカ	3.1人/台	2008年	―	米国教育統計センター（NCES）調査
イギリス	6.8人/台	2012年	小学校相当	英国教育事業者協会（BESA）調査
	4.2人/台		中学・高校相当	
フィンランド	3.5人/台	2013年	小学校・中学校相当	国家教育委員会提供資料
	2.1人/台		高校相当	
デンマーク	2.9人/台	2011年	小学4年相当	European Schoolnetサンプル調査（ICT in Education-ESSIE survey SMART2010/0039）データより推計
	2.9人/台		中学2年相当	
	2.1人/台		高校2年相当	
オランダ	5.0人/台	2012年	小学校相当	オランダKennisnet調査
	4.9人/台		中学・高校相当	
オーストラリア（ビクトリア州）	1.3人/台	2014年	―	ビクトリア州教育・幼児期発達省（DEECD）調査
	1.9人/台		小学校相当	
	1.0人/台		中学・高校相当	
シンガポール	4.0人/台	2011年	―	ユネスコ統計局（UIS）資料
韓国	4.7人/台	2012年	―	韓国教育開発院（KEDI）調査
日本	6.5人/台	2014年	―	文部科学省調査

※　調査対象学年は断りのない限り初等中等教育の範囲。

2. 学校における教育の情報化の実態等に関する調査

　文部科学省は、「学校における教育の情報化の実態等に関する調査結果」を公開している。表8−2は、2022（令和4）年3月1日現在の学校種別に、学校における主なICT環境の整備状況を集計したものである。「教育用コンピュータ1台あたり児童生徒数」を見ると、小学校と中学校では、1台あたり0.9人と0.8人というように学習者よりもコンピュータ数が多い状況となった。そして、高等学校では、1.4人というようにコンピュータ数よりも学習者の方が多いことがわかる。なお、別のデータと組み合わせると、小中高ともに1人1台環境の学校とそうでない学校があるが、全体としては1人1台環境に近づいている状況にあることがわかる。また、ほとんどの学校で、無線でのインターネットアクセスができるような状況にあること、普通教室での大型提示装置は、多くの学校に整備されているが83.6％に留まっていること、指導者用のデジタル教科書は81.4％というように多くの学校に整備されているが、学習者用のデジタル教科書においては36.1％というように、整備されていない学校の方が多いということがわかる。

　教師には、与えられた環境のよさを引き出すことができるように最善を尽くすことが求められている。また、使いやすいものになるように創意工夫をすること、実現したい教育の在り方に必要とされる環境を要求していくことも重要である。そして、そのためには現状がどのようなものか把握しておかなければならない。ここで確認した「学校における教育の情報化の実態等に関する調査結果」のような資料の最新版にアクセスして参考にしてもらいたい。

3. 教育におけるICT環境を構成するもの

　現在、学校において整備が進められているICT環境には、どのような機器やサービスがあるのだろうか。機器やサービスは、様々な企業が提供しており、

表 8 - 2 　学校種別　学校における主なICT環境の整備状況

（出典：文部科学省「令和 3 年度学校における教育の情報化の実態等に関する調査結果」）

R 4 年 3 月 1 日現在

	全学校種	小学校	中学校	義務教育学校	高等学校	中等教育学校	特別支援学校
学校数	32,732	18,797	9,143	145	3,518	34	1,095
児童生徒数	11,319,053	6,107,666	2,958,457	54,618	2,039,668	17,261	141,383
普通教室数	482,483	273,356	114,463	2,772	61,878	701	29,313
教育用コンピュータ台数	12,359,187	7,094,538	3,551,341	67,548	1,434,058	23,700	188,002
教育用コンピュータ 1 台当たり児童生徒数	0.9人/台	0.9人/台	0.8人/台	0.8人/台	1.4人/台	0.7人/台	0.8人/台
普通教室の無線LAN整備率	94.8%	94.8%	94.1%	98.5%	96.9%	96.1%	91.9%
(参考) 無線LAN又は移動通信システム（LTE等）によりインターネット接続を行う普通教室の割合	96.7%	97.1%	96.5%	98.6%	96.9%	96.1%	92.2%
(参考) 普通教室の校内LAN整備率	98.4%	98.4%	97.9%	98.8%	99.3%	100.0%	98.4%
インターネット接続率（30Mbps以上）	99.4%	99.5%	99.3%	98.6%	99.8%	100.0%	99.7%
(参考) インターネット接続率（100Mbps以上）	96.6%	96.4%	95.9%	95.7%	98.8%	100.0%	98.0%
普通教室の大型提示装置設備率	83.6%	88.1%	83.9%	85.1%	79.3%	91.0%	48.6%
教員の校務用コンピュータ整備率	125.4%	121.4%	124.7%	121.0%	139.9%	127.9%	118.4%
統合型校務支援システム整備率	81.0%	80.6%	79.4%	72.4%	93.1%	79.4%	65.1%
指導者用デジタル教科書整備率	81.4%	88.6%	89.9%	93.8%	37.2%	82.4%	26.5%
学習者用デジタル教科書整備率	36.1%	40.1%	41.5%	56.6%	6.1%	38.2%	16.3%

第 3 節　教育におけるICT環境を構成するもの

性能の違いやできることの違い、かかる費用にも違いがある。様々なものを組み合わせて構成することになるが、目的とする教育活動が可能かどうかによって必要なものを選定する必要がある。一旦整備された後でも、実際に使ってみて出てきた課題を解消するために、何をどう組み替えていくか提案することも必要になる。そのため、どのような機器やサービスがあるか、選定する際に気をつけた方がよいことについて知っておくことが望ましい。ICT環境を構成する代表的なものには、以下のようなものがある。

（1） 教育用コンピュータ

　教育用のコンピュータとしては、教師用のコンピュータと学習者用のコンピュータがある。教師は、授業で使う資料を調べたり、教材を作成したりするなど、授業準備でもコンピュータを使うことになる。また授業中に教材を提示したり、学習者の活動をモニタリングしたりするためにコンピュータを使うことになる。学習者は、教育用のコンテンツで学んだり、情報検索をして調べ学習をしたり、授業の記録をしたり、考えをまとめて発表資料を作成したり、様々な学習活動にコンピュータを使う。

　こうしたコンピュータを選定する際、どのようなことに気を付ける必要があるのだろうか。例えば、使用したいデジタルコンテンツが使えるだけの性能をもったものを選ぶ必要がある。多少のことでは故障しないような堅牢性も求められる。見やすい画面サイズであるかどうか、持ち運びがしやすいかどうか、充電がどのくらいもつかなど、目的に応じてどういったものを選択するとよいか検討する必要があるだろう。

（2） 大型提示装置

　大型提示装置は、プロジェクターやデジタルテレビなどの大型のモニターで、主にコンピュータと接続して使う提示装置である。大きく表示させることで教室の全員が同じものを見て学ぶことができる。電子ペンで書き込みができる電子黒板機能のあるプロジェクターやモニターもある。

こうした機器を選定する際、どのようなことに気を付ける必要があるのだろうか。例えば、起動してから使えるようになるまでの時間は実用的かどうか、反射して見えにくいことがないかどうか、教室の後ろからでも見やすいかどうかなど、目的に応じてどういったものを選択すべきか検討する必要があるだろう。

（3）　書画カメラ・実物投影機

　書画カメラ・実物投影機は、大型提示装置と組み合わせて使われる装置である。ノートや実物などを撮影して、大きく映して見せることができる。OHC（Over Head Camera）とも呼ばれる。

　こうした機器を選定する際、どのようなことに気を付ける必要があるのだろうか。例えば、使うための準備のしやすさ、見やすい解像度かどうか、投影したいサイズのものを撮影することができるかどうかなど、確認する必要があるだろう。

（4）　インターネット環境

　学習活動を行うにあたり、インターネットに接続できる環境にあることが望ましい。学習者が興味関心に従って情報検索して学んだり、他の人と情報共有・協働制作をするためにクラウドサービスを利用したり、外部と交流学習をするためにメールやテレビ会議をしたりできるような環境を整備する必要がある。ネットワークには、有線で接続する方法と無線で接続する方法がある。学習者1人1台端末では、Wi-Fiという通信技術による無線LAN接続を使うことが多いが、携帯電話の回線を使ってインターネット接続するLTE方式を採用している自治体もある。Wi-Fiは、通信できる範囲が限られるが、LTEは携帯事業者の電波が届く範囲であれば利用できるため通信できる範囲が広いという特徴がある。

　こうした機器を選定する際、どのようなことに気を付ける必要があるのだろうか。例えば、通信の安定性、通信速度は十分なものかなどについて、気を付

けなければならないだろう。

（5）　校内ネットワーク

　LTE接続などの場合を除き、学校内で教師や学習者が無線でインターネットに接続してクラウドサービスを利用したり、共有された機器を使用したりできるのは、無線LANの校内ネットワークが構築されているからである。

　こうした機器を選定する際、どのようなことに気を付ける必要があるのだろうか。例えば、十分な通信速度を確保できるか、セキュリティの対策ができるかといったことなどが重要になるだろう。教育用ネットワークと校務用ネットワークを物理的に切り分けるのか、教職員以外が校務用ネットワークにアクセスできないように認定して運用するのかといったことなども検討する必要があるだろう。

（6）　授業支援システム

　授業支援システムとは、学習者の端末の画面を教師の端末からモニタリングしたり、課題の配信や提出・共有をできるようにしたりして、授業を支援するシステムである。様々な活用方法が考えられるが、例えば、教師が学習者の状況を把握できれば個に応じた学習指導をしやすくなる。また、学習者が他者の考えから多様なものの見方や考え方を学ぶ活動がやりやすくなる。

　こうしたシステムを選定する際、どのようなことに気を付ける必要があるのだろうか。例えば、モニタリングのしやすさ、見せたいものを素早く見せることができるだけの操作性が必要とされる。また、学習者の学びを妨げないようなユーザインタフェースであるかどうかも検討する必要があるだろう。

（7）　クラウドサービス

　クラウドサービスとは、インターネット経由でアプリケーションの利用やファイルの保存・共有などをできるようにしたサービスである。例えば、1つのファイルを共同で編集するサービスを用いて、複数の学習者が協力して考えを

まとめる学習活動などを実現させることができる。

　こうしたサービスを選定する際、どのようなことに気を付ける必要があるのだろうか。例えば、授業で利用しやすいものかどうか、利用するための費用がどの程度かかるか、動作の安定性やセキュリティは信頼できるかなど確認することが必要になるだろう。

（8）　デジタル教科書・教材

　デジタル教科書・教材には、指導者用のものと学習者用のものがある。指導者用のデジタル教科書は、教師が大型提示装置で映し出し、学習者を指導するために活用する。学習者用デジタル教科書は、学習者が自分の情報端末を使って、閲覧・書き込みなどをしながら学習に活用するものである。例えば、マーカー機能や付箋機能、文章抜き出し機能などを用いて文章を構造化して捉える活動や、書き込んだことを他の人に見せて説明するといった活動、動画解説などの教材を繰り返し視聴して理解を深めるといった活動などで活用できる。

　こうしたデジタル教科書・教材を選定する際、どのようなことに気を付ける必要があるのだろうか。例えば、読み上げ、マーキング、本文を抜き出して整理する機能など、使いたい機能を利用することができるかどうか、動作が安定しているかどうかなどを確認することが必要になるだろう。

（9）　テレビ会議システム

　テレビ会議システムは、同時双方向で、音声、映像、画面共有などの機能を利用できるシステムである。オンライン授業をする際にIDを登録して利用することになる。例えば、遠隔地の学校と交流学習を行うことや何らかの領域の専門家に特別授業をしてもらうことが考えられる。また、災害などで学校に参集できない場合に各家庭からオンライン授業に参加するために使うこともできる。

　こうしたシステムを選定する際、どのようなことに気を付ける必要があるのだろうか。例えば、操作のしやすさや、安定性、「ブレイクアウトルーム」の

ようにグループに分かれてディスカッションができるかどうかなど、使いたい機能を利用することができるかどうか確認することが必要になるだろう。

（10）　校務支援システム

　統合型校務支援システムは、成績処理を行ったり、学習者の状況を他の教師と共有して指導にあたったりするなど、様々な校務について、効率化を図るものである。例えば、進路指導や三者面談などの際に、教師1人の考えだけでなく、様々な人の視点から入力された校務支援システムの記録を根拠にして説明をすることができる。また、教師はそうした記録を参照することで、自身の指導について改善できることがないか検討できると考えられる。

　こうしたシステムを選定する際、どのようなことに気を付ける必要があるのだろうか。例えば、使いやすいシステムかどうか、セキュリティに問題はないかといった点を確認することが必要であろう。

　以上のようにICTには、様々な機器やサービスが存在し、ここに挙げたもの以外にもあると考えられる。プログラミング教育を行う際に利用されるドローンやロボットといった機材や、VRを使うためのゴーグルなどもある。また、さらに新しい技術、製品、サービスが生み出され、活用されていくことになると考えられる。ここに示したものが、全ての学校に整備されているかというと、そうではない。理想とする教育を実現するために何が必要か選定し、整備していく必要がある。

　国は、目標値を示し、地方交付税による予算措置を行っているが、地域ごとに計画・実施の状況が異なる。このような方法は、地域の実態に応じて柔軟に対応できるメリットと、計画・実施に遅れが出ることによって地域格差が生じるというデメリットがあると考えられる。また、国はどのような環境を整備するか一定のガイドラインを示しているものの、具体的な製品、ソフトウェア、サービスなどの選定は地域に任されている。例えば、情報端末として、Chromebookを採用するかiPadを採用するかで、できることとできないことにある程度の差が生じることになる。

統一することが望ましいとする考えをもつ人がいる一方、民間企業が競合他社と競争して努力するからこそ、よいものが生み出される可能性があると考える人もいる。そうした中で、現在はこの方法を採用しているということになる。どちらが望ましいことかは、やってみないとわからないことではあるが、重要なのは、多様な考えを理解した上で、環境整備の在り方を慎重に考えていくことだといえる。

4．外部連携の在り方

　文部科学省は、教育委員会や学校が、教育の情報化を推進することを支援する外部人材を配置するための予算措置を行ってきた。例えば、「ICT活用教育アドバイザー」「GIGAスクールサポーター」「ICT支援員」などがある。

（1）　ICT活用教育アドバイザー（学校DX戦略アドバイザー）

　文部科学省のWebサイトには「ICT活用教育アドバイザーについて」というページが公開されている。ICT活用教育アドバイザーは、教育の質の向上に向けて、ICT環境の効果的な活用を一層促進するため、教育の情報化ビジョン策定、ICT環境整備、ICTを活用した指導方法などについて、専門的な助言や研修支援などを行うと説明されている。文部科学省が委託した事業者が、大学教員や先進自治体職員など、教育の情報化の知見を有する人をICT活用教育アドバイザーとして任命し、自治体の要請を受け、教育委員会に派遣する仕組みになっている。2015（平成27）年度に始まり、2022（令和4）年度まで続いた。

　2023（令和5）年度からは、「学校DX戦略アドバイザー」と名称が変わり、GIGAスクール構想を進める際の自治体等からの疑問や相談に答える取り組みが行われている。DXとはDigital Transformationのことである。紙で学んでいたものをデジタルに置き換えるような変化ではなく、学び方そのものの変革を意図した言葉だといえる。1人1台端末の日常的な活用について、課題を抱える自治体・学校に対して国がアドバイザーとして任命した者を派遣して集中的

な伴走支援を行い、地域間・学校間の格差解消に向けた取り組みを実施する。

　アドバイザーは、自治体に対するアドバイスだけでなく、教員研修を担うことや授業実践に対する助言を行う役割も果たす。そうした支援を望む場合には、授業を担当する教育実践者から教育委員会に要望を出すことも必要である。

（2）　GIGAスクールサポーター

　GIGAスクールサポーターは、学校における環境整備の初期対応を行う。例えば、学校におけるICT環境整備の設計や、工事・納品における事業者対応、端末等の使用マニュアルやルール作成などを行う。国の補助金を利用して各教育委員会等が募集・配置する。ICT関連企業の人材など、ICT技術に知見を有する人が担当する。授業を実践する教師としては、直接関わることはない場合もあるが、授業がしやすい環境を整えていくにあたっては、教師の声を伝えていくことが重要だといえる。

（3）　ICT支援員

　ICT支援員は、日常的な教師のICT活用の支援を行う。地方財政措置を利用して、各教育委員会等が配置する。4校に1人の割合で配置することが目安とされているが、地域によって状況は異なる。業務に応じて必要な知見を有する人が担当している。授業計画の作成支援やICT機器の準備、操作支援、校務システムの活用支援、メンテナンス支援、研修支援など、多様な業務を行うことが想定されており、日本教育情報化振興会の資料では、表8-3のように整理されている。授業を実践する教師としては、ICT支援員とはコミュニケーションをとり、課題解決支援を受けることが、授業実践を望ましいものにしていくために必要なことだといえる。

　こうした事業は、年度ごとに予算が承認されて行われるため、役割を終えたと判断されれば予算措置が行われなくなる可能性はあるものの、その機能と成果を理解した上で、次の取り組みにつなげていくことが重要だといえる。少な

くともこれまでにこうした支援が行われてきたことを知っておいてもらいたい。また、こうした支援を活用できるように、どのようなものがあるか調べ、要請する姿勢をもつことも、教育方法・ICT活用の可能性を広げ、授業を改善していくために重要なことである。ICTをサポートする外部人材や大学等の外部機関との連携について、今後もその在り方を考えてもらいたい。

表8-3　ICT支援員の業務分類（日本教育情報化振興会　2018）

種類	業務
授業支援	授業計画の作成支援
	教材作成
	ICT機器の準備
	ICT機器のメンテナンス
	操作支援
	学校行事等の支援
	障害トラブル対応
	ICT機器の片付け
	ICT機器活用事例の作成
	ICT機器の利活用状況把握
校務支援	学籍管理の操作支援
	出欠席管理の操作支援
	成績管理の操作支援
	通知表・指導要録作成の操作支援
	時数管理、施設管理、服務管理の操作支援
	教職員間の情報共有の操作支援
	家庭や地域への情報発信の操作支援
環境整備	日常的メンテナンス支援
	障害トラブル対応
	年次更新
	ソフトウェア更新
	運用ルール作成支援
	セキュリティポリシーの作成支援
	ICT機器整備計画の作成支援

校内研修	校内研修の企画支援
	校内研修の準備
	校内研修の実施
	校内研修の実施支援

【引用文献・参考文献】（URLは、2023年 7 月15日確認）

株式会社富士通総研（2015）「教育分野における先進的なICT利活用方策に関する調査研究」p.152
　　https://www.soumu.go.jp/main_content/000360824.pdf

文部科学省「令和元年度補正予算（GIGAスクール構想の実現）の概要」https://www.mext.go.jp/a_
　　menu/other/1421443_00002.htm

文部科学省「学校におけるICT環境の整備について（教育のICT化に向けた環境整備 5 か年計画（2018
　　（平成30）〜2022年度））」https://www.mext.go.jp/a_menu/shotou/zyouhou/detail/1402835.htm

文部科学省「平成29・30・31年改訂学習指導要領（本文、解説）」https://www.mext.go.jp/a_menu/
　　shotou/new-cs/1384661.htm

文部科学省（2018）「教育振興基本計画　平成30年 6 月15日閣議決定」https://www.mext.go.jp/content/
　　1406127_002.pdf

文部科学省「令和元年度補正予算・令和 2 年度第 1 次補正予算を合わせた全体像　GIGAスクール構
　　想の実現」https://www.mext.go.jp/content/20210118-mxt_jogai01−000011648_001.pdf

文部科学省（2020）「令和 2 年度第 3 次補正予算案への対応について」https://www.mext.go.jp/
　　content/000091784.pdf

文部科学省「令和 3 年度学校における教育の情報化の実態等に関する調査結果」https://www.mext.
　　go.jp/a_menu/shotou/zyouhou/detail/mext_00026.html

文部科学省「ICT活用教育アドバイザーについて」https://www.mext.go.jp/a_menu/shotou/
　　zyouhou/detail/1369635.html

日本教育情報化振興会（2018）「情報通信技術を活用した教育振興事業ICT支援員の育成・確保のため
　　の調査研究　成果報告書」https://www.mext.go.jp/content/1398432_4.pdf

Chapter

09

ICTを活用した教育方法と 指導上の留意点

【本章の概要】 本章では、「情報通信技術を効果的に活用した学習指導や校務の 推進の在り方について理解する」ために、「育成を目指す資質・能力や学習場面に 応じた情報通信技術を効果的に活用した指導事例（デジタル教材の作成・利用を 含む。）を理解し、基礎的な指導法」について学ぶ。

【教育方法について考える】 教師になったつもりで考えてもらいたい。ICTのよさを 引き出すために、また、ICTに足を引っ張られないようにするために、以下のような学 習場面における指導上の留意点を考えつく限り書き出してみよう。

（1） 教師による教材の提示

理科の授業において、電子黒板を用いて教師による教材の提示を行うとする。電子黒板 には火山が噴火している映像を提示して書き込みながら解説する。その映像を学習者用の 端末にも転送提示して手元で見ることができるようにする。

（2） 個に応じる学習

学習者が、算数の授業において、1人1台端末を用いて問題に解答する活動を行うとする。 出題・採点は、自動で行われる。学習者が関心のある分野の問題を選択し、それぞれのペ ースで取り組むというように個に応じる学習を実現させる。

（3） 調 査 活 動

学習者が、社会科の授業において、ゴミ処理場の役割について調査活動を行いレポート にまとめるとする。インターネットを用いた情報収集を行った上で、ゴミ処理場を訪問し てカメラ機能で現地の撮影やインタビューを記録させてもらえることになっている。

（4） 思考を深める学習

学習者が、1人1台端末で3DCGの立体を操作できるデジタル教材を使って学習すると する。立体を移動、回転、拡大・縮小、切断、重ね合わせるなど、試行錯誤しながら思考 を深める学習を行う。

（5） 表現・制作

学習者が、総合的な学習の時間で地域の防災MAP制作に取り組むとする。文字、音声、 静止画、動画といった情報を組み合わせたインタラクティブ性のあるマルチメディア作品 として表現・制作する。

　（6）　家庭学習

　学習者が端末を家庭に持ち帰り、体育のマット運動に関する放送番組を視聴して、授業で実技をする時に気を付けたいことをデジタルワークシートにまとめる。そうした家庭学習をできるようにするための方法を学ぶ。

　（7）　発表や話し合い

　学習者が、算数の授業において、1人1台端末で図形の展開図に関する問題に解答した結果を電子黒板に転送・分割提示する。それを見ながら、個々の考えについて、学級全体で発表や話し合いを行う。

　（8）　協働での意見整理

　学習者が、理科の授業において、端末を用いて生き物について調べる観点について協働での意見整理を行うとする。1人1台端末でカードに生き物の名前を思いつく限り書き出し、グループで共有したシートにカードを並べ、話し合いながら特徴ごとに分類する。

　（9）　協働制作

　学習者が、社会科の地域学習において観光パンフレットの協働制作に取り組むとする。グループを編成し、個々の端末から1つのファイルにアクセスし、共同編集機能で編集する。

　（10）　学校の壁を越えた学習

　学習者が、異文化理解をテーマとした総合的な学習の時間において、テレビ会議システムを用いてオーストラリアの学校と接続して交流学習を行うとする。お互いの文化や気候などの違いを紹介し合うことで学校の壁を越えた学習を行う。

1．教育におけるICT活用

　現在の小・中学校では、学習者1人1台情報端末、大型提示装置、高速インターネットなどのICTが整備された教育の環境があたり前のものになりつつある。教育現場では、教育の効果・効率を高めるために、様々な道具を活用してきた。例えば、教材・教具としては、教科書やノート、黒板とチョーク、掛図など、様々なものがある。そして、そこにICTによる道具が加わった。ICTはそれまでにあった道具を代替するものとして使うこともできれば、これまでにできなかったような学習活動を実現可能にもした。

　ICTによって生み出された道具をどのように活用できるか試行錯誤して、教育現場での実践が行われてきた。また、研究者によって教育実践研究が蓄積された。そして、さらに実用的なものにするために、開発者によって新たな技術が開発されていった。このように教育・研究・開発の現場を循環しながら教育

108　　Chapter09　ICTを活用した教育方法と指導上の留意点

におけるICTの活用は成熟してきた。そして、これからも発展していくものと考えられる。

2．ICT活用の可能性と留意点

　ICTを使えば必ず教育の効果・効率が高まるというものではない。教育の質を高めるために、いつ、誰が、どのようにICTを使うのか、ICTのよさを引き出すための教育方法について考えていくことが重要である。以下では、教育用に1人1台情報端末や大型提示装置、インターネットなどのICTが整備された場合、教育活動においてどのような活用方法があるか、文部科学省が公開している「学校におけるICTを活用した学習場面」における活用例を挙げながら、教育方法の工夫について考える（図9-1）。

（1）　教師による教材の提示

　ICTは、画像の拡大提示や書き込み、音声、動画などを活用した教材の提示を可能にする。デジタル教科書や学校放送番組などの教材や、プレゼンテーションソフトで作った自作教材などを利用できる。視聴覚に訴えることでわかりやすく印象に残る授業を実現できるのではないかと期待されている。例えば、理科の授業において、電子黒板を用いて教師による教材の提示を行うとする。電子黒板には火山が噴火している映像を提示して書き込みながら解説する。その映像を学習者用の端末にも転送提示して手元で見ることができるようにする。

　このような学習活動を行う際、教師はどのような点に留意するとよいだろうか。例えば、学習目標の到達に適した教材を提示することが重要になると考えられる。学習に適さない教材を提示しても学びは生じない。わかりやすい映像でも、さらに学習者自身で考える余地がなければ、学びは生じないかもしれない。注目すべき点に焦点化して見方を的確に指示することも重要である。マーカーなどを利用して注目させる点を焦点化したり、余計なものを見せないように拡大機能でアップにしたりするなどして、見るべき部分を見てもらう工夫が

必要になると考えられる。

（2） 個に応じる学習

　ICTは、1人1人の習熟度に応じた学習活動を可能にする。例えば、学習者が、算数の授業において、1人1台端末を用いて問題に解答する活動を行うとする。出題・採点は、自動で行われる。学習者が関心のある分野の問題を選択し、それぞれのペースで取り組むというように個に応じる学習を実現できる。ネットワークを介して学習履歴を把握できれば、教師が個別に支援するための情報を得ることもできる。

　このような学習活動を行う際、教師は、どのような点に留意するとよいだろうか。例えば、日常の課題解決と関連付けて学習の文脈を作り、学ぶ意欲を高めることが重要になるだろう。ドリル学習は、学習者の興味関心や、学ぶ必然性とは関係なく出題されるため、記憶に残りにくく、意欲を保つことが難しいからである。また、ドリル学習で学べることの限界を踏まえて、他の学習とのバランスをとることも重要であろう。ドリル学習は答えが1つに決まる問題の反復練習や定着の確認には適しているが、答えが1つに決まらないような課題の発見や創造性を育む学習に適していないため、そうした学習とドリル学習を関連付けるとともに、学習者が学ぶ選択肢の1つとして捉え、目的に応じて使い分ける重要性を学習者にも伝えることが必要になると考えられる。

（3） 調 査 活 動

　インターネットで情報収集することやカメラ機能で写真や動画等を記録することなど、ICTを調査活動の学習に活かすことができると考えられる。例えば、学習者が、社会科の授業において、ゴミ処理場の役割について調査活動を行いレポートにまとめるとする。インターネットを用いた情報収集を行った上で、ゴミ処理場を訪問してカメラ機能で現地の撮影やインタビューを記録させてもらえることになっている。レポートにまとめる際、後から記録を何度でも確認できる。

このような学習活動を行う際、教師は、どのような点に留意するとよいだろうか。例えば、聞きたいことや見るべきポイントを明確にして、訪問する必要がある。そのためのインターネットでの調べ学習においては、情報の信憑性や送り手の意図を踏まえた解釈ができるよう指導することが必要だと考えられる。また、学習目標に応じた記録ができるよう指導することも重要である。ICTを活かすには、その機能を把握しておくだけでなく、何のために使うことができるか考える力が必要になる。最終的に作成するレポートは誰に何を伝えるためのものなのか、それを伝えるために何を取材すればよいのか、ということと関連付けてICT活用の必然性について問いかけていく必要があるだろう。

（4）　思考を深める学習

　ICTは、シミュレーションなどのデジタル教材を用いた思考を深める学習活動に活用することができると考えられる。例えば、学習者が、1人1台端末で3DCGの立体を操作できるデジタル教材を使って学習するとする。立体を移動、回転、拡大・縮小、切断、重ね合わせるなど、試行錯誤しながら思考を深める学習を行う。入力する変数を変えることでシミュレーション結果の変化を確認するような、試行錯誤する活動にも活用できると考えられる。

　このような学習活動を行う際、教師は、どのような点に留意するとよいだろうか。例えば、動かす楽しさに気をとられて、学習目標を見失わないよう指導することが重要である。また、わかったつもりで終わらないように、理解できているか問いかけることが重要である。

（5）　表現・制作

　マルチメディアを用いた資料、作品の制作を行う学習活動にICTを活用することができると考えられる。例えば、学習者が、総合的な学習の時間で地域の防災MAP制作に取り組むとする。文字、音声、静止画、動画といった情報を組み合わせたインタラクティブ性のあるマルチメディア作品として表現・制作する。端末での制作は、一旦書いたものに文章を挿入して再編集できることや、

複製して別のバージョンを作成できること、瞬時に作業前の状態に戻して試行錯誤できることなど、紙にはない利点がある。

　このような学習活動を行う際、教師は、どのような点に留意するとよいだろうか。例えば、事前に表現の型やモデルを示すことが重要である。また、伝える相手や目的に応じた表現ができるよう指導することが重要である。

（6）　家庭学習

　情報端末を家庭に持ち帰らせることで、家庭学習にICTを活用することができると考えられる。例えば、学習者が端末を家庭に持ち帰り、体育のマット運動に関する放送番組を視聴して、授業で実技をする時に気を付けたいことをデジタルワークシートにまとめるとする。授業で学んだことが家庭学習で活かされ、家庭学習で学んだことを授業で活かすことができるようになると考えられる。また、こうした学びのスタイルを、保護者に理解してもらい、学習を支援してもらえるようになることも期待できる。感染症拡大防止のためなどで一斉休校期間が生じた際にも、学びを止めないために、インターネットを経由して、授業映像、教材や課題を配信することもできる。

　このような学習活動を行う際、教師は、どのような点に留意するとよいだろうか。例えば、事前に家庭で自律的に学習するための方法を指導しておくことが重要である。また、学習とは関係ない使用に対して学習者とルールを作り、各家庭と共有しておくことが重要である。

（7）　発表や話し合い

　グループ活動や学級全体での発表・話し合いを行う学習活動において、ICTを活用することができると考えられる。例えば、学習者が、算数の授業において、1人1台端末で図形の展開図に関する問題に解答した結果を電子黒板に転送・分割提示する。それを見ながら、個々の考えについて、学級全体で発表や話し合いを行うとする。なぜそのように考えたか、相互に意見を交流し、自分が思いつかなかった考えから、自分の見方・考え方を広げることができる。

このような学習活動を行う際、教師は、どのような点に留意するとよいだろうか。例えば、考えの違いを通して学べるような課題の際に利用することが重要である。また、どの考えを提示すると学級全体の学びが深まるか考え、発表者を指名することが重要である。

（8） 協働での意見整理

複数の意見・考えを整理する学習活動において、ICTを活用することが有効だと考えられる。例えば、理科の授業で生き物について協働で意見整理を行うとする。学習者用1人1台端末でカードに生き物の名前を思いつく限り書き出し、グループで共有したシートにカードを並べ、話し合いながら特徴ごとに分類する。ああでもない、こうでもないと、一緒に話し合いながら、合意を得て1つのシートが創造される。複数の見方・考え方を議論して整理していくことは、まさに新しい知が創造されるプロセスそのものだといえる。

このような学習活動を行う際、教師は、どのような点に留意するとよいだろうか。例えば、学習者だけで話し合えるように話し合いの目的と手続きを明確に示すことが重要である。また、必要に応じて議論に介入し、対話が促進されるように問いかけることが重要である。

（9） 協働制作

他の学習者と協働で作品の制作をする学習活動において、ICTを活用することができると考えられる。例えば、学習者が、社会科の地域学習において観光パンフレットの協働制作に取り組むとする。グループを編成し、個々の端末から1つのファイルにアクセスし、共同編集機能で編集する。それぞれが自分の担当箇所を作成して、1つのパンフレットを完成させる。自分の画面で他の人の担当箇所を見ることができるため、相互に確認して間違いがないか確認したり、全体としての統一感をとるために相談したりしながら取り組む。1人1人がチームに貢献しながら学ぶことができる。

このような学習活動を行う際、教師は、どのような点に留意するとよいだろ

うか。例えば、協働する学習の意義について学習者に説明することが重要である。また、グループごとの目的や計画を把握した上で、助言をすることが重要である。

（10）　遠隔地や海外の学校等との交流学習

　遠隔地の学校とテレビ会議で交流学習をすることに、ICTを活用することができると考えられる。例えば、学習者が、異文化理解をテーマとした総合的な学習の時間において、テレビ会議システムを用いてオーストラリアの学校と接続して交流学習を行うとする。お互いの文化や気候などの違いを紹介し合うことで学校の壁を越えた学習を行う。海外の学校だけでなく国内の学校と交流することも考えられる。また、博物館や企業、大学の専門家などとつないでの交流学習もできるだろう。

　このような学習活動を行う際、教師は、どのような点に留意するとよいだろうか。お互いの学校にとって意義のある学習テーマを設定することが重要である。また、遠隔地とつなぐだけで満足しないように学習の目標を明確に示すことが求められる。

　以上のように、ICTを有効活用するためには、教師の活用指導力が問われることになる。ICTを使いこなす能力ではなく、授業を望ましいものにするためにICTを活用する能力である。ICTを活用すれば望ましい効果が得られるかというと、必ずしもそうではない。特徴を捉え、そのよさを引き出すように活用する必要がある。とにかく使ってみないことには、そのよさは実感できない。しかし、学習目標の達成について考えることなく使うと失敗してしまうこともある。形だけ取り入れた場合、ICTに振り回されて授業が成立しなくなることさえあり得る。学習目標の達成について考えることから離れないことが重要であろう。

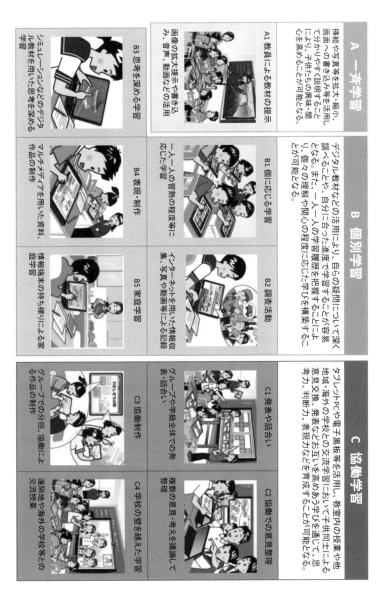

A 一斉学習

A1 教員による教材の提示

挿絵や写真等を拡大・縮小、画面への書き込み等を活用して分かりやすく説明することにより、子供たちの興味・関心を高めることが可能となる。

画像の拡大提示や書き込み、音声、動画などの活用

B 個別学習

デジタル教材などの活用により、自らの疑問について深く調べることや、自分に合った進度で学習することが容易となる。また、一人一人の学習履歴を把握することにより、個々の理解や関心の程度に応じた学びを構築することが可能となる。

B1 個に応じる学習

一人一人の習熟の程度などに応じた学習

B2 調査活動

インターネットを用いた情報収集、写真や動画等による記録

B3 思考を深める学習

シミュレーションなどのデジタル教材を用いた思考を深める学習

B4 表現・制作

マルチメディアを用いた資料、作品の制作

B5 家庭学習

情報端末の持ち帰りによる家庭学習

C 協働学習

タブレットPCや電子黒板等を活用し、教室内の授業や他地域・海外の学校との交流学習において子供同士による意見交換、発表などお互いを高めあう学びを通じて、思考力、判断力、表現力などを育成することが可能となる。

C1 発表や話合い

グループや学級全体での発表・話合い

C2 協働での意見整理

複数の意見・考えを議論して整理

C3 協働制作

グループでの分担、協働による作品の制作

C4 学校の壁を越えた学習

遠隔地や海外の学校等との交流授業

図9-1 学校におけるICTを活用した学習場面

（文部科学省 https://www.mext.go.jp/content/1407394_6_1.pdf）

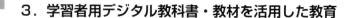

3．学習者用デジタル教科書・教材を活用した教育

　ここまで、ICTのよさを引き出す教育方法について考えてきたが、1人1台端末で活用できるデジタル教材も開発されている。学校教育における主たる教材の1つには、文部科学省検定済教科書がある。以前は紙の教科書が一般的であったが、近年、1人1台端末環境が整う中で徐々に学習者用デジタル教科書も普及してきた（中橋　2021）。文部科学省は、「学習者用デジタル教科書の効果的な活用の在り方等に関するガイドライン」において、学習者用デジタル教科書とデジタル教材について、次のように説明している。（文部科学省　2018）

> 　今般の学校教育法等の一部改正等により制度化された学習者用デジタル教科書は、紙の教科書と同一の内容がデジタル化された教材であり、教科書発行者が作成するものである。このため、動画・音声やアニメーション等のコンテンツは、学習者用デジタル教科書に該当せず、これまでの学習者用デジタル教材と同様に、学校教育法第34条第4項に規定する教材（補助教材）であるが、学習者用デジタル教科書とその他の学習者用デジタル教材を一体的に活用し、児童生徒の学習の充実を図ることも想定される。

　また、図9-2のように、「紙の教科書や学習者用デジタル教科書等の概念図」を示している。

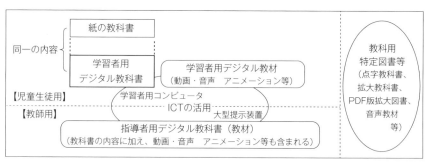

図9-2　紙の教科書や学習者用デジタル教科書等の概念図（文部科学省　2018）

　こうした「学習者用デジタル教科書」と「デジタル教材」の定義・概念に基

づき、2023（令和5）年現在、教科書会社が販売している「学習者用デジタル教科書」の中には、紙の教科書と同じ内容のみのものもあれば、それと一体的に活用することができる「デジタル教材」が組み込まれたものも存在している。

同ガイドラインでは、「学習者用デジタル教科書」を「デジタル教材」と一体的に使用することにより可能となる学習方法として、次の4点が例示されている。

> 1 音読・朗読の音声やネイティブ・スピーカー等が話す音声を教科書の本文に同期させつつ使用する
> 2 教科書の文章や図表等を抜き出して活用するツールを使用する
> 3 教科書の紙面に関連付けて動画・アニメーション等を使用する
> 4 教科書の紙面に関連付けてドリル・ワークシート等を使用する 等

学習指導要領に示されている通り、教師には、「主体的・対話的で深い学び」を実現させる授業改善を行うことが求められている。学習者用デジタル教科書・教材を活用した授業づくりも「主体的・対話的で深い学び」を実現させるものでなければならない。学習者用デジタル教科書・教材は、その実現に役立つものだと考えられるが、学習者用デジタル教科書・教材を利用できる環境を整えるだけで、自然に「主体的・対話的で深い学び」が生じ、学習の質が高まるとは考えにくい。学習者の学習の質を高めるために、教師は、学習者用デジタル教科書・教材の効果を引き出すための授業づくりに取り組む必要がある。では、どのような授業づくりを行う必要があるのだろうか。

言うまでもなく、授業づくりとして初めにやるべきことは、「学習目標」と「目標に到達させる方法」と「到達できたか評価する方法」を考えることである。これらのことは、授業を実践する前に構想・設計することになるが、授業づくりは、授業実施前に完結するものではない。授業は、教師・教材・学習者間の相互作用の中で学習者個々の内面から湧き出たものをも教材にして、学級全体で学び合い、かたちづくられていくものだといえる。このように、授業は教師が設計をするが、実際には学習者と一緒に作り上げるものだという前提に立つことが重要である。

学習者は教師や教材から刺激を受け、大事だと思ったことや、もっと知りたい・学びたいと思ったことなど、学習内容を超えた知の素材を生み出す。それを他者と共有することで刺激を受け、新しい知が創造される。そのような相互作用的・創造的な学びが生じる授業づくりをしたいと考える時、初めて学習者用デジタル教科書・教材の真価が発揮されると考える。学習者は、学習者用デジタル教科書・教材に書き込んだり、情報を抜き出したり、まとめたりしながら、知の構造化を行う。そのような思考プロセスの記録を手掛かりに、教師は次の一手を考えることができる。このように、学習者の思考を根拠に個を支援するとともに、教室全体の学びを充実させる活動につなげるために、学習者用デジタル教科書・教材を活かすことができる。

　このような授業づくりを行うために、教師は、学習者用デジタル教科書・教材に記された内容を教えるだけでなく、学習者用デジタル教科書・教材を活用して学ぶ方法を学習者に教授し、その意義を自覚させることが重要になる。例えば、考えを表現する色分けや図示の方法、考えを説明する際の見せ方、学びを深める話し合いの方法などである。何を学ぶのかだけでなく、どのように学ぶのか、教師が理解しておくだけではなく、学習者にも意識させる必要がある。その上で、学習者同士の相互作用や新しい知の創造に対して、教師が学習目標と関連付けて説明を補足したり、学習者の発見を意義付けたりすることで教室全体の学びが深まるといえる。学習者自身が学習者用デジタル教科書・教材の効果を引き出すことができるような、教師の指導技術が重要になると考えられる。

【引用文献・参考文献】 (URLは、2023年7月15日確認)

文部科学省（2018）「学習者用デジタル教科書の効果的な活用の在り方等に関するガイドライン」
　　https://www.mext.go.jp/ b _menu/shingi/chousa/shotou/139/houkoku/__icsFiles/afieldfile/2018/12/27/1412207_001.pdf

文部科学省「学習指導要領」https://www.mext.go.jp/a_menu/shotou/new-cs/idea/index.htm

中橋　雄（2021）「国語学習者用デジタル教科書のデジタル教材を活用した教育方法」中川一史（編）
　　『GIGAスクール・1人1台端末に対応！ 小学校国語「学習者用デジタル教科書」徹底活用ガイド』
　　明治図書出版

教育データ活用と校務の情報化

【本章の概要】 本章では、「情報通信技術を効果的に活用した学習指導や校務の推進の在り方について理解する」ために、「学習履歴（スタディ・ログ）など教育データを活用して指導や学習評価に活用することや教育情報セキュリティの重要性」についてと「統合型校務支援システムを含む情報通信技術を効果的に活用した校務の推進」について学ぶ。

【教育方法について考える】 教師になったつもりで考えてみよう。1人1台端末環境において、授業の設計や改善をするために、どのようなデータを収集し、どのように活かすとよいだろうか。思い付く限り書き出してもらいたい。

1. 教育データとは何か

　教師が、学習者に対して適切な学習支援を行うには、学習者の学習状況を把握することが必要である。従来は、観察、ノート、ワークシート、ペーパーテスト、成果物、口頭での問いに対する回答などによる学習評価を行い、データを収集して学習状況を把握しようとすることが多かった。しかし、これらのデータは、収集、整理、分析に手間がかかる場合が多く、活用するための困難さを抱えていた。

　こうした、データの取得や分析の手間を減らすことに、ICTを活用することができるのではないかと期待されている。例えば、ペーパーテストの場合、テスト用紙の配布・実施・回収・採点・順位付け・平均点の算出・グラフ化などを行い、傾向を分析するといった作業が必要になる。傾向の分析を効率化するために表計算ソフトを使うとしても、まずは、点数をコンピュータに入力する

必要があった。しかし、1人1台端末環境であれば、これらのほとんどの作業を省略したり、自動化したりすることができる。学習者の端末にテストを配信すれば用紙を配る時間すらかからない。また、解答は自動採点され、グラフ化なども自動化することができる。もちろん自動化の準備に手間はかかるが、全てを手作業でやるよりも、大幅に効率化することができるだろう。この他にも、1人1台端末環境で学習の記録を行うことや操作履歴を取得することなどによって学習者の状況を把握して学習支援を行うなど、様々な技術の開発と活用方法が検討されてきた。

1人1台端末環境になることによって、どのような教育データを活用できる可能性があるのだろうか。1人1台端末環境といっても、端末だけでできることは限られている。情報通信ネットワーク、学習用の教材アプリ、協働学習を支援するシステム、アンケートやテストをするシステム、その他、クラウドサービスなど、様々なものと端末を組み合わせて活用することで学習活動の可能性は大きく広がる。それだけに、データを取得する経路やデータの種類についても、その可能性が大きく広がっているといえる。

また、校務支援システムで扱う校務に関するデータは、学習とは直接関係がないと思われるかもしれないが、実は密接に関係している。例えば、授業を欠席したことが学習状況に影響すると考えるならば、校務支援システムで得られたデータと学習記録のデータを組み合わせて、学習支援の方法を検討することもできるだろう。また、授業に集中できていないのは、生活リズムの変化によるものかもしれないとデータからわかれば、それに応じた学習支援を行うこともできる。このように校務支援システムから得られるデータも教育データとして活用することが検討されている。

このように取得できるデータの可能性が大きく開かれている一方で、個人に紐付けられた多様な情報の扱いについては、慎重に行う必要がある。特にプライバシーや人権を侵害することがないようにしなければならない。どのような情報であれば取得してもよいか、どのように管理する必要があるか、どのように活用できるか、今後も考え、対話を通じて仕組みを作り上げていかなければ

ならない。

　文部科学省は、2020（令和2）年6月、「誰一人取り残すことなく、全ての子供たちの力を最大限に引き出すことができるよう、教育データの効果的な利活用を促進するために必要な方策」について具体的な検討を行う「教育データの利活用に関する有識者会議」を設置した。「教育データの標準化」「学習履歴（スタディ・ログ）の利活用」「教育ビッグデータの効果的な分析・利活用」について検討が行われ、2021（令和3）年3月に、現状と課題、将来的な方向性に関して一定の整理を行った「教育データの利活用に係る論点整理（中間まとめ）」が公表された。

　その中では、議論の対象となる「教育データ」について法令等において明確な定義がないことを踏まえた上で、以下のように定義して検討を進めたことが説明されている。

　（1）年齢・段階
・初等中等教育段階の学校教育における児童生徒（学習者）の教育・学習に関するデータ（「公教育データ」）を基本とする。
　（2）主　　　体
　　①児童生徒（学習者）に関するデータ
　　　（学習面:学習履歴／スタディ・ログ、生活・健康面:ライフ・ログ）
　　②教師の指導・支援等に関するデータ（アシスト・ログ）
　　③学校・学校設置者（地方自治体等）に関するデータ（運営・行政データ）
　（3）対　　　象
・個々の子供の学びによる変容を記録し、活用していく観点から、定量的データ（テストの点数等）だけではなく、定性的データ（成果物、主体的に学習に取り組む態度、教師の見取り等）も対象とする。
・なお、定量的データ、定性的データの両面において、それぞれデータの内容、粒度、利活用の目的等によって議論すべき点を区分することが必要である。

　教育データとは何かということについては、様々な定義や具体的な分類が可能であるし、今後も捉え直していく必要があるだろう。その一方で、少なくと

も小学校・中学校に学習者用１人１台端末環境が整いつつある段階の日本において、このような枠組みで「教育データ」が定義され、その利活用が検討されてきたことを理解しておいてもらいたい。

■■ ２．教育データの活用方法 ■

文部科学省「教育の質の向上に向けたデータ連携・活用ガイドブック―『エビデンスに基づいた学校教育の改善に向けた実証事業』の成果をふまえて―」では、「校務系データ」と「授業・学習系データ」を連携し学びを可視化することで、教育の質の向上に資する様々な活用方法を検討し、実践が行われた。具体的に扱われたデータとして、表10－１、表10－２が示されている。

その上で、事例に基づく教育データ活用の方法を、以下の４つに分類している。

（１） 学習指導を充実させるためのデータ活用

学習指導を充実させるためのデータ活用には、「学習者１人１人の状況を把握するためにデータを活用」するものと「授業改善のためにデータを活用」するものが含まれている。

学習者１人１人の状況を把握するためにデータを活用することで、学習履歴から学習者のつまずきを発見して、教師が個別に指導したり課題を与えたりするというように学習指導に活かすことができると考えられる。また、状況の変

表10－１　活用された「授業・学習系データ」（文部科学省　2020）

データの種類	説明
デジタルドリル 学習記録データ	児童生徒がデジタルドリルに取り組んだ履歴や正答率等の情報。 デジタルドリルは学校での利用のほか、家庭学習に利用されることもある。
協働学習支援システム 学習記録データ	児童生徒がデジタルノート内に書き込んだ内容や、他の児童生徒のデジタルノートを閲覧し評価した内容等の情報。
児童生徒アンケート結果	児童生徒に対して実施したアンケートの結果。 年に数回、定期的に実施するものや、比較的頻繁に実施するものもある。

表10-2　校務系データの例（文部科学省　2020）

データの種類	説明
児童生徒情報	児童生徒の氏名、学年や学級等の属性情報。
出欠情報	児童生徒の日々の出欠席や遅刻、早退等の情報。
健康観察情報	学級担任等が朝に行う児童生徒の健康状態を確認した記録。
日常所見情報	児童生徒の日々の様子や気付いた点等を記録した情報。学習面も生活面もあり、担任以外も入力する。
保健室利用情報	児童生徒が保健室に来室した記録（来室日時、来室理由等）。
指導計画情報	年間指導計画や週案等の情報。
テスト結果	児童生徒のテスト結果。単元テストや定期テストのほか、全国学力・学習状況調査や各自治体で実施する学力テスト等を蓄積。
成績評定情報	通知表や指導要録に掲載される児童生徒の評価結果。
教員アンケート結果	教員に対して実施したアンケートの結果。

化を捉え、他の教師と共有し、協力して指導にあたることができる。

　授業を改善するためにデータを活用することで、学習履歴から、学習目標の達成度などの実態を把握して、次の学習活動の計画に活かすことができると考えられる。闇雲に授業を計画するのではなく、データに基づいて計画、実行、評価、改善といったプラン、ドゥー、チェック、アクションのPDCAサイクルを繰り返し、授業を改善することができる。問題点を発見するためだけでなく、教師が自身の授業実践で工夫したことの手応えや正当性を確認するためにも、データを活用できると期待されている。

（2）　生活指導の充実に関するデータ活用

　学習者の生活に関するデータを活用することで、生活指導の充実を図ることができると考えられる。保健室への来室状況、成績の変化や欠席の状況、観察された日常の様子などのデータを記録し、統合的に分析することで、問題を発見することができる。また、他の教師と連携して支援しやすくなると考えられる。学級・学年全体の状況を把握するためにデータを活用する事例もある。データを分析することで、集団の課題を発見することができる。他の教師と状況を共有することによって連携して学習者を支援しやすくなると考えられる。

（3） 保護者へ情報提供するデータ活用

　保護者へ情報提供する際に、データを活用して具体的な説明をすることができると考えられる。三者面談において、学級担任が把握していない教科の授業や部活動の様子なども含むデータに基づいて、成長した点や課題を共有することができる。具体的な根拠を示しながら説明をするためにデータを活用する例である。

（4） 学校経営に関するデータ活用

　学校経営の充実に関するデータを活用することで、学校経営の充実を図ることができると考えられる。学級担任だけが学習者の状況を確認するのではなく、他の教師や管理職ともデータを共有することによって、気付いた変化を担任に確認することで問題を未然に防ぐことができると期待できる。また、学校全体の状況を把握することによって、今後の学校の方針を決める際の参考にすることができる。

　この他にも、様々な教育データ活用を考えることができる。例えば、地域のデータを分析して自治体として教育の在り方を考えたり、全国のデータを分析したりして、国が政策決定に活かすということにも活用できるのではないかと期待される。

　なお、この事業における実践事例では、データの傾向を可視化して解釈しやすくするシステムが活用されていた。教師、学習者が、教育データを活用するためには、その解釈を支援してくれるシステムの充実が望まれる。例えば、練習問題の正答率をクラスで一覧表示した時には、特に誰を支援する必要があるのか、一目でわかる方が望ましい。正答率20％以下にはマークが付く、ソートをかけて正答率の低い順で表示されるなど、教師が一目でわかるようにしておかなければ実用的なものにならない。学習者が、自分の学習履歴を参照して次に必要な学習の見通しを立てる場合においても、学習履歴の羅列を見るだけでは判断できないという場合があるだろう。苦手とする分野の内容を得点率や回

答時間などから判断し、学び直しの必要性を提案してくれるようなシステムが必要とされる。

　一方、システムが充実しても、使う側にそうしたシステムの知識や得られた情報の活かし方を考えるだけの力がなければ、教育データが活かされることはない。授業での学習活動を通じて教育データを活用した学び方を身に付けていくことができるように授業設計を行うことが必要だといえる。

３．校務の情報化と教育改善

　上述した通り、ICTは校務にも活用されている。例えば、学校における校務の負担軽減を図り、教師の長時間勤務を解消する有効な解決策として、統合型校務支援システムが導入されている。成績処理などだけでなく、広く校務と呼ばれている業務全般を実施するために必要となる機能を実装したシステムのことを、「統合型校務支援システム」と呼ぶことがある。学習者の氏名や住所の情報、指導要録などの学籍系データ、成績処理、出欠・時数管理などの教務系データ、保健室来室管理、健康診断票などの保健系データ、学校事務系のデータを統合的に扱うことができるシステムである。また、職員間の情報共有を行うグループウェアを連携させて利用することもある。

　校務の情報化の目的は、効率的な校務処理による業務時間の削減、ならびに教育活動の質を向上させることにある。統合型校務支援システムは、勤務時間管理や業務改善・効率化への支援となることが期待されている。校務が効率的に遂行できるようになることで、教職員が学習者への指導に対して、より多くの時間を割くことが可能となる。また、校務の効率化やデータの活用は、教育の質的な改善に活かすことができると考えられている。例えば、学習者の出欠・身体・成績・学習履歴等、様々な情報の分析や共有により、今まで以上に細部まで目が行き届いた学習指導や生徒指導などの教育活動が実現できる。また、教師間で指導計画、指導案、指導事例等を情報共有して、教師間のコミュニケーションを増加させることができる。さらに、学校ウェブサイトやメール

などで情報発信することによって、家庭・地域からの理解・協力を得ることにもつながると考えられている。

4．教育情報セキュリティの重要性

統合型校務支援システムを導入する際には、個人情報が漏洩することなどの問題が生じないように、情報セキュリティを確保・維持管理する必要がある。そのために、学校の情報セキュリティポリシーに基づき、物理的・人的・技術的・運用の観点から対応する必要がある。

物理的というのは、授業用と校務用のネットワークを物理的に分けるなどの対策である。人的というのは、誤操作による情報漏洩に注意するなど、ユーザーが行う対策である。技術的というのは、ファイアウォールの導入や不正アクセスを検知するシステムを導入するなど、システム面の対策である。運用というのは、利用方法に関するルールを定めることなどによって、セキュリティを高める対策である。こうした観点から、地域の実態に応じてシステムを構築していく必要がある。

また、情報セキュリティに関する知識は、教師はもちろんのこと、学習者にも求められることになる。そのための学習内容や指導の方法について理解した上で教育実践を行うことが教師には求められている。

5．先導的な研究の成果と普及に向けて

教育データ利活用については、様々な技術の活用可能性を検討するために研究の蓄積が行われてきた。文部科学省「GIGAスクール構想におけるデータ駆動型教育」という資料の中では、以下のようにいくつかの先導的な事例が紹介されている。

（1）　協働学習におけるデータ活用

　協働学習における発話を記録して、誰がどのくらい発言したか、グラフで視覚化するシステムを活用した実践が行われた。このデータを用いて、学習者は自分の発言を振り返り、次の取り組みにつなげることができた。また、教師は、発言の少ない学習者を発見し、支援することも可能となった。グループでの話し合い活動は同時に行われるため、全ての話し合いを教師が把握することは困難である。しかし、このシステムを活用することで、それを把握しやすくできたと考えられる。さらに、こうしたデータに基づき、AIがグループ編成を提案するシステムを利用することで、教師に新たな気付きが生まれ、指導に役立てることができるようになった。

（2）　個別指導におけるデータ活用

　学力・学習状況調査のデータを分析することから、学習者のつまずきを把握して、個別指導に活かす実践が行われた。学力・学習状況調査の問題間の関連を分析して、ある内容ができていないのは、別のある内容でつまずいているからだということが明らかにされた。問題間の関連を踏まえ、何につまずいているかわかれば、そこを学び直すことが重要だということが明らかになる。そうしたAIによるビッグデータ分析で得られた結果を、授業づくりや個別面談などで活用する方法である。

（3）　教師の研修支援におけるデータ活用

　教師の授業改善や研修支援を行うためにデータを活用する実践が行われた。教室に設置したカメラで記録された映像を基に、教師や学習者の行動を検知して軌跡を描いて可視化したり、学習者が前を向いている割合を可視化したりするシステムを用いた実験的な取り組みが行われた。これにより、教師の目や学習支援が行き届いていない学習者を発見し、支援することが可能になる。教師が自分の授業を振り返り、学習者の様子や変化に気付き、指導に活かすことができる。また、机間指導をする教師のクセなどから、ケアできていない学習者

がいることを発見できるなど、指導を改善するために活かすことができると考えられる。

　これらは、現在、どの学校でも実現可能なものではない。研究・開発のために、実験的に行われた実践だと受け止める必要がある。どのような成果が得られたのか、どのような課題を解決する必要があるかといったことなどについて、精査していかなければならない。教育現場においては、こうした取り組みを参考に今後の環境整備をどのように進めていくとよいか考えることが重要だといえる。

6. 教育データ利活用の目指すべき姿

　2022（令和4）年1月7日に、デジタル庁・総務省・文部科学省・経済産業省から『教育データ利活用ロードマップ』という資料が公開された。その中では、現状と目指すべき姿が対比されている（表10-3）。ここには、学校教育の中でも授業、校務、その両方に関わるものが挙げられている。また、地域を越えた学校、家庭学習、塾や社会教育施設など、学校外との連携を想定した教育データ活用の目指すべき姿が描かれている。

　既に実現できているものも、そうでないものも含まれているが、教育データ活用で何かをよくしていこうという考え方やその活用範囲の広がりをイメージできるのではないだろうか。他にもないか考えてみてもらいたい。

表10-3　教育データ利活用の現状と目指すべき姿

（デジタル庁・総務省・文部科学省・経済産業省『教育データ利活用ロードマップ』を参考に著者作成）

現　　状	目指すべき姿
チョーク＆トークの一斉型授業	主体的・対話的な学びに重点化
紙の教材を使って授業準備	メタデータ検索により授業に使える素材をすぐ収集可能に
黒板に何度も同じ図や問題を書く	即時表示で時間配分効率化
互いの考えに触れ高め合う機会が限定	意見・回答の即時共有を通じた効果的な協働学習

思考の表現手段が口頭と記述に限定	学習者の成果物や思考過程を画面で可視化
個人の理解度が即時にわからない	学習時間やテストの正誤判定を記録し、授業や学びに直ちに活用
離島や中山間地域では他校との交流の機会が限定	地理的制約に関わらず国内・海外の学校と交流や共同学習が可能
時間的・地理的制約から外との交流が制限	これまで会えなかった外部の専門家等との対話によるモチベーション喚起
学校や自治体間のデータ同士の結びつきなし	データの標準化によりEBPM（Evidence Based Policy Making）の推進や新たな教授法・学習法の創出
学校の様子が家庭からは十分わからない	学校の学習状況を踏まえた家庭での支援
学習でICTを活用する時間が短く、ゲームを見る時間が長い	学校外で学習でき、学びの多様化・充実
潜在的に支援が必要な家庭や児童が特定できない	官民で能動的にアウトリーチをするプッシュ型の支援を実現
転校時にデータが引き継がれない、または紙で引き継ぎ	転校したばかりでも教師が学習者の強み・弱みを理解
情報がそもそもデータ化されていない	教育データのオンライン化により校務負担の軽減
校務系と学習系のデータ連携がほぼなし	校務系と学習系のデータ連携できめ細かい指導が可能に
宿題やテストの採点の負担が重い	集計がデジタルで自動化されフィードバックに重点化
卒業後にはテスト成績と通知表だけが手元に	スタディ・ログがPDS（Personal Data Service）に保存され、自ら学びを振り返り
進学時（特に設置者が変わる場合）にデータが引き継がれない	適切な形でのデータの引き継ぎにより進学直後の困難が軽減
学び直しの機会・場面が限られている	いつでもどこでも学べるリカレント教育の実現、学びの成果の可視化
EdTech事業者の保有する大量のデータが卒業後に削除	匿名加工の形で卒業後もデータをサービスの改善に活用
事業者ごとにバラバラのデータ形式	データの標準化や学習指導要領コードとの紐付けによる学校教育との連携

【引用文献・参考文献】（URLは、2023年7月15日確認）

デジタル庁・総務省・文部科学省・経済産業省（2022）「教育データ利活用ロードマップ」 https://www.digital.go.jp/assets/contents/node/information/field_ref_resources/0305c503-27f0-4b2c-b477-156c83fdc852/20220107_news_education_01.pdf

文部科学省（2021）「GIGAスクール構想におけるデータ駆動型教育―学校現場における先端技術・教育データの効果的な活用事例」 https://www.nii.ac.jp/event/upload/20210625_07_MEXT.pdf

文部科学省（2020）「教育の質の向上に向けたデータ連携・活用ガイドブック―『エビデンスに基づいた学校教育の改善に向けた実証事業』の成果をふまえて―」 https://www.mext.go.jp/content/20200626-mxt_jogai02-100003155_004.pdf

文部科学省（2021）「学校における先端技術活用ガイドブック（第1版）―『新時代の学びにおける先端技術導入実証研究事業』の成果を踏まえて―」 https://www.mext.go.jp/content/20210623-mxt_syoto01-100013299_001.pdf

文部科学省（2022）「学校現場における先端技術活用ガイドブック（第2版）―『新時代の学びにおける先端技術導入実証研究事業』の成果を踏まえて―」 https://www.mext.go.jp/content/20220922-mxt_syoto01-100013299_02.pdf

Chapter

11

遠隔・オンライン教育

【本章の概要】　本章では、「情報通信技術を効果的に活用した学習指導や校務の推進の在り方について理解する」ために「遠隔・オンライン教育の意義や関連するシステムの使用法」について学ぶ。

【教育方法について考える】　離島の小規模な小学校に赴任した教師になったつもりで考えてもらいたい。1学年1人の学級もあるほど小規模な学校である。少人数の学級は、きめ細かい指導ができる一方、「他の学習者から多様なものの見方や考え方を知ることができない」「同世代とのコミュニケーション経験が不足する」「地域で共有されている文化に慣れ、多様な価値観に触れる経験が不足する」などの課題を抱えている。オンラインを利用した遠隔交流学習を行えば、こうした問題を解決できるかもしれないが、その学校では、これまでに取り組んだ実績がなく、校長の許可を得ることが必要になる。そこで、その許可を得るためにオンラインを利用した遠隔交流学習を行う「メリット」「デメリット」「デメリットを解消するためにできる工夫」について資料を調べ、まとめて、提案するプレゼンテーションスライドを作成してもらいたい。

1．遠隔・オンライン教育とは

　遠隔・オンラインによる教育とはどのようなものだろうか。遠隔・オンライン教育とは、情報通信技術を活用し、距離と時間の概念に縛られずに、教授・学習を実現する教育のことである。新型コロナウイルス感染症の流行により、密集することを避けるために、オンラインを活用する取り組みが行われた学校があったことが報道され、多くの人に認知されるようになったが、そのずっと前から、様々な目的や形式で遠隔・オンライン教育のよさを活かした実践と研究が行われてきた。例えば、ゲスト講師として遠隔地の専門家とつなぐ授業、環境や文化の違いから学ぶことを目的とした学校間交流学習、人口減少社会に

おいて多様な考えに触れることを目的とした小規模校での合同授業、学びたい時に学ぶことができるe-learningなどが行われてきた。また、対面授業の質を高めるために、対面授業とオンライン上のコンテンツでの学習や電子掲示板での意見交流を組み合わせるブレンディッドラーニング（Blended Learning）も行われてきた。

　遠隔・オンライン教育を実現するために、様々な機器・アプリをどのような学習活動に活かすことができるのか知っておく必要がある。デジタル教材での学習・情報収集・整理・表現発信を行うためには端末が必要になる。また、学習者の画面を大型提示装置に転送して画面を共有したり、分割提示したりするためには、授業支援システムが必要になる。同時双方向で話をするためには、ZoomやGoogle meetのような、オンラインミーティングツールが必要になる。教材配信・課題提出・テスト・採点・学習記録・評価などを行うためには、Google Classroom、Blackboard、Moodleなどのラーニングマネジメントシステムが必要になる。さらに、情報共有・共同制作・議論には、Slackなどのようなグループウェアがあるとよい。このように、目的に応じて、様々な機器やアプリを整備しておく必要がある。また、学習の目的に応じて適切なものを選択し、そのよさを活かす使い方をすることが重要である。

■ 2．遠隔・オンライン教育の形式

　遠隔・オンライン教育には、大きく分けて「同時双方向型」と「オンデマンド型」がある。学ぶ内容は同じだとしても、形式の違いによって授業の準備や方法などが異なることになる。それぞれに可能性と限界があるため、それを踏まえた上で、目的に応じて授業をデザインすることが重要になる。ここでは、京都大学高等教育研究開発推進センターが公開した「ハイブリッド型授業とは」というWebサイトを参考に形式の違いについて説明する。

　まず、「同時双方向型授業」とは、映像・音声・文字による授業をライブ配信する形式の授業である。教師と学習者が同じ時間に接続することによって、

同時に双方向のやり取りができる方法である。近年、「同時双方向型授業」を基本として、主に感染症の拡大を防止するため密集する状況を減らす方法として対面とオンラインを組み合わせるハイブリッド型授業にも期待が集まっている。ハイブリッド型授業には、「ハイフレックス型」「ブレンド型」「分散型」などがある。ハイフレックス型とは、対面授業を配信して、オンラインで自宅や別の教室からも参加できるようにする方法である。ブレンド型は複数回の授業で構成されている場合に、対面の回とオンラインの回を設定し、常に集まることを避ける方法である。分散型は、受講者をAグループBグループと半分に分け、「Aグループをオンライン、Bグループを対面」で実施する回を設け、次の回では「Aグループを対面、Bグループをオンライン」というように逆にする方法である。

　次に、「オンデマンド型授業」とは、録画・録音・記録された映像・音声・文字による授業を非同期で配信する形式の授業である。教師と学習者が同時に接続する方法ではないため、即時的なやり取りをすることはできないが、都合のよい時に学ぶことや、繰り返し視聴をして時間をかけて学ぶことが可能である。

　これらの形式のいずれかを選択、あるいは組み合わせるとともに、誰と誰をオンラインでつないで学ぶのかをデザインすることになる。例えば、「送り手としての教師と受け手としての学習者をつなぐ方法」「専門家と学級をつなぐ方法」「学級と学級をつないで交流学習を行う方法」「学級と学級をつなぎ、合同で授業を行う方法」「学習者と学習者をつなぎ、意見交流や協働学習を行う方法」など、目的に応じて多様な利用方法がある。

3．遠隔・オンライン教育の活用例

　遠隔・オンライン教育でできる教育にはどのようなタイプがあるか考える。文部科学省が公開している「遠隔学習導入ガイドブック」では、遠隔授業に関して5つの可能性が整理されている。それは、「多様な人々とのつながりを実現する遠隔教育」「教科等の学びを深める遠隔教育」「個々の学習者の状況に応

じた遠隔教育」「家庭学習を支援する遠隔・オンライン学習」「遠隔教員研修」である。教員研修は、授業でのオンライン活用ではないが、授業改善に関連するものとして、ここでも取り上げる。以下では、それぞれ具体例を挙げながら、詳細について整理しておく。

（1） 多様な人々とのつながりを実現する遠隔教育

　多様な人々とのつながりを実現する遠隔教育は、他の学校とつないで合同授業を行うことで、協働して学習に取り組んだり、多様な意見や考えに触れたりする機会の充実を図るものである。

　例えば、離れた地域の学校とテレビ会議システムを用いて交流学習をすることが考えられる。同じ日本であっても、地域が異なれば、気候や産業、文化が異なる。互いの地域の特徴や共通点、相違点などから学びを得ることができる。他の地域のことを知ることで、自分の地域に関心をもって調べることにもつながる。

　また、例えば算数の時間で台形の面積を求める際の補助線の引き方について、他者から出た自分と異なる考え方から学ぶ場合などに、他校の教室とつないで合同授業を行うことで多様な意見に触れたり、コミュニケーション力を培ったりする機会を創出することができる。

（2） 教科等の学びを深める遠隔教育

　教科等の学びを深める遠隔教育は、遠方にいる講師が参加して授業を支援することで、自校だけでは実施しにくい専門性の高い教育を行うものである。

　例えば、他校等にいるALT（Assistant Language Teacher）と接続することで、学習者がネイティブスピーカーの発音に触れたり、外国語で会話したりする機会を増やすことができる。ALTは、必ず学校に1人ずつ配置されているわけではなく、曜日ごとに複数の学校を回るケースがある。直接教室にいる臨場感が重要な場合もあるが、オンラインにすることで授業の頻度を増やすことができる。また、大画面で提示することで、表情や発音の口の形が対面授業よりも

見やすくなる場合もある。

　また、博物館とつないで、はにわの実物の映像を見ながら専門家から話を聴く授業や、水族館とつないで海の生き物を見ながら専門家に質問をする授業も可能になる。大学、企業等の外部人材とつなぎ、専門的な知識に触れ、学習活動の幅を広げることができる。

（3）　個々の学習者の状況に応じた遠隔教育

　個々の学習者の状況に応じた遠隔教育は、特別な配慮を必要とする学習者や、特別な才能をもつ学習者に対して、遠方にいる教員等の専門家が支援することで、それぞれの状況に合わせたきめ細かい支援を行うものである。また、１人１人の学習者と、それぞれの学習課題に関する専門家とをオンラインで接続し、興味・関心に寄り添った指導を行うものである。

　例えば、外国にルーツをもつ学習者に日本語教育を行う教師は、必ず学校に１人ずつ配置されるわけではない。日本語を指導する体制が整っていない学校においても、日本語指導教室等とオンラインでつなぐことによって、日本語指導の時間をより多く確保することができる。

　他にも、学習者が個別にある領域の専門家から話を聴くということも実現できる。個々の学習者と学習支援員等を個別につなぎ、学習者の理解状況に応じて、学習のサポートを行うことができるよさがある。

　また、自宅や教育支援センター（適応指導教室）等と教室をオンラインでつないで、不登校の学習者が学習に参加する機会を増やすことができると期待されている。不登校になるきっかけや、その後に復帰しづらくなる理由は多様ではあるが、人と関わることへの不安や学習が遅れてついていけないという不安を段階的に取り除いていくために、オンラインでの学習支援が有効に機能する可能性はあるだろう。

　さらに、体調に問題を抱えている学習者においては、病室や病院内の分教室（院内学級）等と学校の教室をつないで合同授業を行うことで、学習者の孤独感や不安を軽減できると考えられる。授業の様子を録画しておけば、双方向性の

ある学習活動に参加することはできないが、体調がよい時にそれを視聴して、少しでも遅れを取り戻すことにつながることが期待される。また、リアルタイムで参加できる時には、双方向性のある学習活動への参加もできることから、1人で学ぶことの限界を取り払うことができる。

（4） 家庭学習を支援する遠隔・オンライン学習

　家庭学習を支援する遠隔・オンライン学習は、家庭と学校をつないで学習支援を行うことで、学習者が学習するための機会を保障するものである。例えば、感染症や災害等の非常時においても、オンラインでつなぐことができれば、学習者はそれぞれ自宅から学校の授業に参加することができる。単に授業の映像を視聴するだけでなく、同時双方向型のシステムでつなぐことで、リアルタイムで質問をしたり、グループワークに参加したりすることもできる。また、LMS（Learning Management System）を用いることによって、教師から学習者へ課題の配信・回収・評価のフィードバックや質問への回答なども可能となる。クラウド上に保存した1つのファイルをグループで共同編集する仕組みを使って、グループで協力して意見をまとめたり、作品を制作したりすることもできる。

　この例は、これまでの対面授業を外部（主に家庭）からオンラインで受けるということを想定したものであるが、学校での対面授業と家庭での学習を連動させるものも考えられる。例えば、授業で学んだことを復習するために、オンラインで授業の動画を配信したり、課題の配信と回収を行ったりできる。また、知識や技能に関して解説する動画を家庭で事前に視聴しておき、授業ではそのことに関する個別指導やプロジェクト学習などを行う「反転授業」と呼ばれる方法もある（バーグマン・サムズ 2014）。また、授業では、学習者の興味・関心に基づく課題の設定と学ぶための方法を教え、家庭学習においてオンラインでグループワークを行い調べてまとめたものを対面授業で発表するといった方法も考えられる。

（5） 遠隔教員研修

　遠隔教員研修は、教員研修をオンラインで実施することで、教員の負担軽減

や業務効率化を図るものである。教員研修会は、教師が授業を改善するなど、教育活動の質を高めるために学ぶ場である。

　例えば、教員研修には、外部の講師を招いて講演から学ぶものがある。遠方から講師に来てもらうとなると移動時間がかかるが、オンラインであればその負担はなくなる。受講者の側も1箇所に集まる必要はなく、都合のよい場所から受講することができる。講師の了解を得ることができれば録画して、その時間に都合が悪かった人も後から視聴して学ぶことができる。

　また、教員研修には、特定の研究テーマに基づき教師が授業を計画して、その授業を指導助言者や他の教師が参観した上で協議会を開き、授業改善について検討する校内研修会や、それに加えて外部の学校が参加できる公開研究会もある。近年、それをオンラインで実施する試みも行われている。とりわけ、外部の学校から参加して学び合う際には、オンラインのメリットは大きい場合がある。対面の場合は、その教室に集まる必要があるため、教室が見学者であふれかえるような問題を解消することができる。また、移動時間の負担なく、遠方の学校で行われている優れた授業を参観して学ぶことができるとすると、日本全体で協力し合って教育力を高めることができると期待される。さらに言えば、世界中の教師から学ぶということも可能だろう。

　授業参観については、学習者同士のちょっとした会話や行動など、カメラで捉えられないようなものを見ることはできないといったように対面と比べると損なわれる情報はあるものの、研修を通じて学ぶ機会自体が損なわれるよりも得られるものは多い。また、遠隔地にいる教師が共同で授業づくりをするワークショップを行い、授業力を高めるなど、これまでに実現できなかったような研修を実現することができると考えられている。

　カメラで捉えることができないものを見ることができないというデメリットを解消するためには、カメラやマイクの数を増やすことで解消できる場合もある。その場合、対面では確認しきれない情報も記録されるため、うまく情報を処理できれば、対面よりも発見のある研究授業を実現できるかもしれない。どのような活用方法が考えられるか、また、そこで生じる課題をどのような工夫

で改善できるか考えてもらいたい。

4. 遠隔・オンライン教育の授業設計

　こうした遠隔・オンライン教育によって、どのような効果を期待することができるだろうか。例えば、多様な意見や考えに触れることができると考えられる。また、友達との話し合いや議論を通じて、自分の考えを深められることや、コミュニケーション力や社会性が養われることなども期待できる。さらに、相手意識をもつことで、学習意欲を高めるような授業も実現できると考えられる。重要なことは、設定した学習目標を達成させるために、遠隔・オンライン教育のよさを活かすことだといえる。以下では、そうしたよさを引き出すということについて考えるために、「学校間交流学習の事例」と「専門家とつないで学ぶ事例」を挙げて考えたい。

（1）　学校間交流学習の事例
　学校間交流学習の実践でポイントになるのは、「目的意識を共有する」「関係性を作る」「つないでいない時の学習をデザインする」の3点が挙げられる。
　1つ目のポイントは、目的意識を共有するということである。何のために遠隔地とつなぐのか、その意義を学習者と共有することが重要になる。遠隔地とつなぐことで、お互いの地域の特徴について伝えたいことを伝えることができたり、知りたいことを質問したりすることができるといった双方のメリットが考えられる。学習者は、伝えるために学ぶ、質問するために学ぶことになるため、学習意欲が高まると考えられる。また、そうして学んだことだからこそ、伝えた反応から学ぶ、聞いたことから学ぶだけの意味があるものになると考えられる。目的意識は、初めの授業だけではなく何度も確認していくことが重要である。初めは、レクリエーションを通じて信頼関係を作る必要もあると考えられるが、その先には学習を成立させるために「相手の学習に貢献するためには何をすればよいか」ということを意識させることが重要になる。「相手は何

を知りたがっているのだろう」「なぜ知りたがっているのだろう」ということがわからなければ、貢献することはできない。相手の学習に貢献するために、相手のことを知りたいと思えるようになると、交流相手との関係性はよいものになり、学習も深まると考えられる。

　2つ目のポイントは、相手との関係性を作るということである。学校間交流学習においては、相手と学び合えるだけの関係性を作ることが重要になる。交流相手に対する学習発表会を行う場合に、よく知らない相手よりも、知っている相手と伝え合う活動の方が、伝えたい気持ちや傾聴する姿勢が生じるのではないだろうか。そのためには、いきなり学習発表会をして、教室対教室という顔の見えない交流をするのではなく、いくつかグループを作り学習者対学習者で話すことも効果的だといえる。学習者用の1人1台情報端末を用いて、遠隔地にいる学習者とグループを作ることができる。主たる学習目的に入る前に、自己紹介、学校紹介、地域紹介をしたり、じゃんけんや共同で絵を描くなどのレクリエーションを挟んだりしながら、お互いの理解を深めることが有効であろう。その際重要になるのが、相手からのリアクションである。ただ、「今の発表に感想や意見はありますか？」と聞いても、発言しにくいものであるし、全員にコメントしてもらう時間はない。その場合には、感想や意見を1人1台端末で共有されているシートに記入させ、お互いの反応を閲覧できるようにするとよいだろう。

　3つ目のポイントは、つないでいない時の学習をデザインすることである。遠隔地との学校間交流学習では、つないでいる時の学習を充実させるために、つないでいない時間の学習が重要になる。相手校の学習者が知りたいと思うようなことは何かを考え、あたり前になっている自分の環境を見つめ直して伝えることにはたくさんの学びの要素があるといえる。遠隔地との交流学習をしていくために、相手意識・目的意識をもって調べ・まとめ・伝える学習を充実させることを意識することが重要である。こうした実践の場合は、学習者にもっと知りたい、もっと伝えたいと思ってもらうことが重要である。教師は学習テーマなど大きな方向性を示して学習者を共通の土台に乗せる一方で、具体的に

聞きたいことは学習者に考えてもらわなければ学習は成立しない。そうした質問や回答の質を高めることを、教師は支援する必要がある。そのためにも、つないでいない時にどんな質問をするのか、なぜその質問をするのか、お互いにとって学びのあるよい質問とはどういったものなのか、検討する時間を設けることが重要になる。また、実践後に振り返り、もっとこう聞けばよかったのではないか、こう答えればよかったのではないかと考える機会を作り、次に活かすことによって、質が高まっていくと考えられる。こうしたことは、初めからうまくいくものではなく、何度も交流を繰り返していく中で、うまくいかなかった経験を反省して、うまくいく経験に導いていくことが重要になる。

（2） 専門家とつなぐ事例

　遠隔地の専門家とつなぐ授業を行う上で、ポイントになることには、「専門家の役割を明確にする」「教師の役割を工夫する」「学習者の学びに向かう力を育む」という3点が考えられる。

　1つ目は、専門家の役割を明確にすることについてである。専門家に話を聴くという場合、講演をしてもらう、発表会で講評してもらうなど、いろいろな方法があると考えられる。例えば、ある地域の「バリアフリーについて考える」ということに対する学習者の課題解決提案を、専門家に評価・助言してもらい、更なる学習へと発展させるという位置付けで進めることができる。このように学習者の学びを引き出すために専門家にどのような役割を担ってもらうかデザインすることが、遠隔授業を成功させるポイントだといえる。専門家の話は、学びを広げたり、深めたりすることに有効だと考えられるが、一方通行の講演だけではもったいないということもある。可能であれば、1度きりの交流ということではなく、受け取ったコメントについて検討して、改善したものを提示するなど、双方向のやり取りができるとよい。また、リアルタイムのコミュニケーションということでは、専門家1人に対して、教室にいる学習者の人数が多いと話がしにくいということが考えられる。グループごとの発表に対してコメントをもらう場合にも、学習者の中から代表者を決めて双方向で対話

できる機会を作ることが有効だと考えられる。

　2つ目は、教師の役割を工夫することについてである。専門家との遠隔授業にあたって、教師はどのような役割を担うとよいのだろうか。授業全体のデザインをすることも教師の役割であるが、専門家と学習者の間に立ち、コミュニケーションが円滑に進むようコーディネートする役割をも担うことになる。例えば、学習者が専門家の話をよく理解できず、質問もできないような状況にあると感じられたならば、何が問題になっているのか教師から学習者に問いかけ確認することが必要になる。その上で、教師から専門家へ質問を試みて、「次の学習に取り組むための視点を獲得できる質問の方法」のモデルを示すといったように、日常の授業とは異なる教師の役割を担うことになる。通常の授業では、教師は教えたり質問されたりする役割を担うことが多いが、専門家がその役割を担う際には、教師は学習者をサポートする役割を担うことが重要になる。専門家は普段、子供を相手に授業をする経験がないかもしれない。学習者に理解できない言葉や概念が出てきた時には、教師が補足説明をする必要がある。同様に、学習者の表現が拙く、学習者と専門家の間で、意思疎通がうまくいかないようであれば、教師が言葉を補う必要がある。また、学習者と専門家が話し合うことを通じて、学習目標の達成に近づいているのかどうかを常に確認し、軌道修正を行ったり、重要な点を強調したりすることなども、日常の授業と異なる教師の重要な役割だといえる。

　3つ目は、学習者の「学びに向かう力」を育むことについてである。教師は、学習者1人1台情報端末を使って、授業で学んだことについて記入する課題を与えることができる。話を聞いたり、アドバイスを受けたりするだけでも、学習者は新しい知識や考え方を獲得するが、そこで納得して終わってしまうことが多い。学んだことを記録して、次につなげ、深めていくことが重要である。単に学んだことを記録するのだけではメモ書きになってしまいかねない。学んだことを専門家に伝える機会をつくることで、相手意識・目的意識をもたせることができれば、深く考える意欲につながると考えられる。つないでいる先にいる人を意識させることで学習の質を高めるということが、ポイントだといえる。

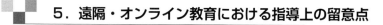

5．遠隔・オンライン教育における指導上の留意点

　最後に、遠隔・オンライン教育を行う上での留意点について考える。

　まず、学習者の学びから目を離さないことが重要である。遠隔授業で活用できる機能や、取り組むことができる活動には、たくさんの種類がある。何か1つのことに目を奪われると、本来の目的を見失ってしまうことになりかねない。「つなぐことができてよかった」「話し合うことができた」「楽しむことができた」といった感想に満足しがちであるが、学んでもらいたかったことが学べていないとするなら問題である。学習の目標を明確に設定し、到達を評価し、授業を改善していくことが重要だろう。特に、対面の授業と同様に遠隔・オンライン教育においても、相応の指導を行わなければ期待する成果を得ることはできない。例えば、Zoomのブレイクアウトルームのように少人数で話し合う際に、何についてどのように話し合うのか、話し合いが終わった後、全体発表ができるようにまとめることを指示しておかなければ、うまく話し合うことができないかもしれない。また、他者から学ぶことで自分を成長させる意義について伝えておかなければ、他者から学び取ることができない。

　次に、1人1台情報端末の活用について考えることが重要になる。小グループで行う同時双方向の遠隔コミュニケーション、情報の共有、共同編集作業など、1人1台情報端末があるからこそできることがある。学習者に考えたことを記録・共有させることで、教師は学習者1人1人の考えを把握しやすくなる。学習者の状況を把握できれば、うまく進められない学習者に支援を行うことができるようになる。そして何より、学習者の内側から出てきた考えを遠隔地の学習者を含む全体の学びに活かすことができる。学習者から湧き出た学びのうち何をピックアップするかは教師の腕次第だといえる。1人1台情報端末を使用するのは学習者だが、学習者の状況や思考を把握して授業改善に活かすために、教師が学習者用1人1台情報端末環境を活用することが重要である。

　こうしたことに利用できる前提として、学習者には、日頃から1人1台情報

端末を学習に活用する機会を与えることが望ましい。教師が勧める方法を実践する中で、試行錯誤し、学習者が自分なりの活用の工夫を生み出すことがある。学習者が、どのような学びの工夫をしたかを共有する機会を作ることも学級全体の学びにとって有効だと考えられる。

　遠隔・オンライン教育は、これまでにも多くの学校で取り組まれてきた実績がある。陥りがちな失敗もたくさん蓄積されてきた。例えば、接続は問題なくされているが、カメラから距離があって話している人の表情が見えないということがある。臨場感があるカメラアングルに変えるだけで学習効果が高まるのであれば、調整することが望ましい。また、相手が見ている画面は自分たちが普段使っている画面の大きさと異なるかもしれない。見ている側の立場になって考えなければならない。音声も同様に相手にちゃんと聞こえていない場合があるため、確認したり調整したりすることが必要になる。接続する学校同士で協力して学習に集中できる環境になるよう調整していくことが重要である。同じ失敗を繰り返すことなく、充実した学習活動を実現するためには、先人の知恵を受け継ぎ、独自の実践に取り組むことが求められる。効果が見いだせない場合には問題の所在を確認して、1つ1つ改善していかなければならない。分析的に授業改善のための評価を行い、改善をしていく。その際、教師の主観に頼るのではなく、学習者からの意見も取り入れることが望ましい。学習者と一緒に遠隔授業を作っていく姿勢で取り組むことが、結果的に学習者の学ぶ姿勢によい影響を与えると考えられる。

【引用文献・参考文献】（URLは、2023年7月15日確認）

バーグマン，J.・サムズ，A.（著）・上原裕美子（訳）・山内祐平・大浦弘樹（監修）（2014）『反転授業
　　—基本を宿題で学んでから，授業で応用力を身につける』オデッセイコミュニケーションズ

京都大学高等教育研究開発推進センター「ハイブリッド型授業とは」https://www.highedu.kyoto-u.
　　ac.jp/connect/teachingonline/hybrid.html

文部科学省（2021）「遠隔教育システム活用ガイドブック　第3版」https://www.mext.go.jp/
　　content/20210601-mxt_jogai01-000010043_002.pdf

情報活用能力

【本章の概要】 本章では、「児童及び生徒に情報活用能力（情報モラルを含む。）を育成するための基礎的な指導法を身に付ける」ために「各教科、道徳、特別活動、総合的な学習の時間において、横断的に育成する情報活用能力の内容と指導事例、基礎的な指導法及び情報通信機器の基本的な操作を身に付けさせるための指導法」について学ぶ。

【教育方法について考える】 小学校の教師になったつもりで考えてみてほしい。以下の項目について学ばせるには、それぞれ何の教科で、どのような実践をするとよいだろうか？
a．課題や目的に応じて情報手段を適切に活用する能力
b．必要な情報を主体的に収集・判断・表現・処理・創造する能力
c．受け手の状況などを踏まえて発信・伝達する能力
d．情報活用の基礎となる情報手段の特性の理解
e．情報を適切に扱ったり、自らの情報活用を評価・改善するための基礎的な理論や方法の理解
f．社会生活の中で情報や情報技術が果たしている役割や及ぼしている影響の理解
g．情報モラルの必要性や情報に対する責任
h．望ましい情報社会の創造に参画しようとする態度

1．情報活用能力とは

　情報技術の発達、情報社会の進展に伴い、情報活用能力を育むための教育を行うことが必要であるといわれている。この情報活用能力を育む教育のことを情報教育という。小学校・中学校では、情報に関する必修教科はない。しかし、様々な教科・領域を横断して、情報教育を行うことが求められている。高等学

校では、必修教科である情報科が、平成11年改訂の高等学校学習指導要領において新設・実施され、情報教育が行われている。また、情報科だけではなく、教科・領域を横断して情報教育を行うことが求められている。

　情報活用能力とは、どのような能力なのだろうか。この言葉は、文部科学省の資料で用いられる用語として、その意味を共通認識しておく必要がある。そこで、文部科学省によって整理され、学校現場で用いられてきた言葉の説明を確認する。文部科学省（2020）の「教育の情報化に関する手引（追補版）」では、情報活用能力育成の経緯について次のように説明されている。

　「情報活用能力」の育成については、臨時教育審議会（昭59.9〜62.8）における議論にまで遡る。その後、教育課程審議会（昭60.9〜62.12）、「情報化社会に対応する初等中等教育の在り方に関する調査研究協力者会議」（昭60.1〜平2.3）における検討を経て、平成９年に文部省の設置した「情報化の進展に対応した初等中等教育における情報教育の推進等に関する調査研究協力者会議」において、「情報活用の実践力」「情報の科学的な理解」「情報社会に参画する態度」の３つを初等中等教育段階における情報教育で育む「情報活用能力」の目標とした。この３つの目標は、それぞれを独立的に扱うのではなく、相互に関連付け、発達段階や教科等の学習とも関連付けて、効果的に育成することが重要であるとされた。また、効果的に育成するため、系統的、体系的な情報教育カリキュラムの編成が必要であるとされた。

　その後、平成18年８月に文部科学省の設置した「初等中等教育における教育の情報化に関する検討会」がまとめた「初等中等教育の情報教育に係る学習活動の具体的展開について」において、情報活用能力の３観点は「８要素」に整理され、要素ごとに具体的に指導すべきと考えられる項目が設定された。

情報教育の目標として整理された情報活用能力の３観点８要素を以下に示す。

・情報活用の実践力
　課題や目的に応じた情報手段の適切な活用
　必要な情報の主体的な収集・判断・表現・処理・創造
　受け手の状況などを踏まえた発信・伝達
・情報の科学的な理解
　情報活用の基礎となる情報手段の特性の理解

情報を適切に扱ったり、自らの情報活用を評価・改善するための基礎的な理論や方法の理解
・情報社会に参画する態度
　社会生活の中で情報や情報技術が果たしている役割や及ぼしている影響の理解
　情報のモラルの必要性や情報に対する責任
　望ましい情報社会の創造に参画しようとする態度

　このように、情報や情報通信技術の仕組み・特性や社会生活との関わりや責任を理解した上で、問題解決に活用できる実践力として整理されていることがわかる。情報活用能力は、基礎的な機器操作に留まるものではなく、多様な要素から構成されていることを理解しておく必要がある。

2．資質・能力としての情報活用能力

　平成29・30・31年に告示された学習指導要領では、次のように学習の基盤となる資質・能力としての情報活用能力に関する記述を確認することができる。引用しているものは小学校編であるが、中学校、高等学校にも同様の記述がある。

　各学校においては、児童の発達の段階を考慮し、言語能力、情報活用能力（情報モラルを含む。）、問題発見・解決能力等の学習の基盤となる資質・能力を育成していくことができるよう、各教科等の特質を生かし、教科等横断的な視点から教育課程の編成を図るものとする。

　この記述からは、言語能力がなければ学ぶことは難しいのと同じように、情報活用能力がなければ学ぶことは難しいというほどに、学習に必要な能力であると強調されていることがわかる。また、この記述からは、情報活用能力には情報モラルが含まれることや教科等横断的に育成していく必要があることもわかる。ここで記述されている学習の基盤となる資質・能力としての情報活用能力という言葉については、学習指導要領解説において、以下のように説明され

ている。

> 　情報活用能力は、世の中の様々な事象を情報とその結び付きとして捉え、情報及び情報技術を適切かつ効果的に活用して、問題を発見・解決したり自分の考えを形成したりしていくために必要な資質・能力である。

　情報活用能力というと情報及び情報技術を利用できる能力と思われがちであるが、それは手段であり、問題を発見・解決したり、自分の考えを形成したりするための資質・能力として説明されている。このことについては、以下のように必要性が説明されている。

> 　将来の予測が難しい社会において、情報を主体的に捉えながら、何が重要かを主体的に考え、見いだした情報を活用しながら他者と協働し、新たな価値の創造に挑んでいくためには、情報活用能力の育成が重要となる。また、情報技術は人々の生活にますます身近なものとなっていくと考えられるが、そうした情報技術を手段として学習や日常生活に活用できるようにしていくことも重要となる。

　つまり、問題を発見・解決したり、自分の考えを形成したりしていくためには、情報を活用しながら他者と協働し、新たな価値の創造に挑むための情報活用能力が必要だと説明されている。さらに、情報活用能力に関するより具体的な説明が以下のように記述されている。

> 　情報活用能力をより具体的に捉えれば、学習活動において必要に応じてコンピュータ等の情報手段を適切に用いて情報を得たり、情報を整理・比較したり、得られた情報を分かりやすく発信・伝達したり、必要に応じて保存・共有したりといったことができる力であり、さらに、このような学習活動を遂行する上で必要となる情報手段の基本的な操作の習得や、プログラミング的思考、情報モラル、情報セキュリティ、統計等に関する資質・能力等も含むものである。

　このように多様な能力が含まれるもので、学習内容も多岐にわたることがわかる。そして、こうした情報活用能力をどのように育成していくかということについては、以下のように説明されている。

こうした情報活用能力は、各教科等の学びを支える基盤であり、これを確実に育んでいくためには、各教科等の特質に応じて適切な学習場面で育成を図ることが重要であるとともに、そうして育まれた情報活用能力を発揮させることにより、各教科等における主体的・対話的で深い学びへとつながっていくことが一層期待されるものである。

　学習の基盤を整えてから学習に臨むというよりは、学習に臨む際の指導によって学習の基盤を整えつつ発揮させて伸ばしていく方針が示されていることがわかる。各教科・領域で情報活用能力を育む学習場面を位置付けていくことが求められているのである。また、今回の改訂にあたり、資質・能力の３つの柱（「知識及び技能」「思考力、判断力、表現力等」「学びに向かう力、人間性等」）に沿って整理された「情報活用能力を構成する資質・能力」について、以下のように示されている。

【知識・技能】
　情報と情報技術を活用した問題の発見・解決等の方法や、情報化の進展が社会の中で果たす役割や影響、情報に関する法・制度やマナー、個人が果たす役割や責任等について、情報の科学的な理解に裏打ちされた形で理解し、情報と情報技術を適切に活用するために必要な技能を身に付けていること。

【思考力・判断力・表現力等】
　様々な事象を情報とその結びつきの視点から捉え、複数の情報を結びつけて新たな意味を見出す力や、問題の発見・解決等に向けて情報技術を適切かつ効果的に活用する力を身に付けていること。

【学びに向かう力・人間性等】
　情報や情報技術を適切かつ効果的に活用して情報社会に主体的に参画し、その発展に寄与しようとする態度等を身に付けていること。

　この整理は、2016（平成28）年に中央教育審議会から出された「幼稚園、小学校、中学校、高等学校及び特別支援学校の学習指導要領等の改善及び必要な方策等について（答申）」において行われたものである。そこでは、情報活用能

力について、これまで「情報活用の実践力」「情報の科学的な理解」「情報社会に参画する態度」の3観点8要素に整理されているが、今後、教育課程を通じて体系的に育んでいくため資質・能力の3つの柱に沿って再整理したものと説明されている。

　以上のことから、情報活用能力とは、「世の中の様々な事象を情報とその結び付きとして捉えて把握し、情報及び情報技術を適切かつ効果的に活用して、問題を発見・解決したり自分の考えを形成したりしていくために必要な資質・能力」のことで、「学習の基盤となる資質・能力」であり、「資質・能力の3つの柱」で整理されているが、具体的な要素は「3観点8要素」の内容を継承したものであるとまとめることができる。

3．教科・領域におけるコンピュータの活用

　学校教育において、教科等横断的に取り組むことを考えた時には、それを実現するために必要な機器やカリキュラムなどの学習環境を整える必要がある。現在では、多くの学校で学習者用1人1台端末とインターネットを用いて学習できる環境整備が進められていることにより、教科等横断的に情報活用能力を育成する実践が可能となった。一方、機器環境が整っていたとしても、それを活用する学習活動に取り組むカリキュラムになっていなければ、情報活用能力を育成することはできないだろう。学習活動と育成される能力が対応するように、具体化してカリキュラム・マネジメントを行うことが重要である。

　では、情報活用能力は、どのような授業において育成するとよいのだろうか。情報活用能力は、「3観点8要素」や「資質・能力の3つの柱」の整理を見てもわかる通りコンピュータの活用に限定されるものではないが、少なくともコンピュータを活用する学習活動は、情報活用能力を育むことができる機会だといえる。教科指導におけるICT活用は、教科の目的を達成するためのものであると同時に、情報活用能力を育む実践としても位置付けることが望ましい。表12-1は、小学校学習指導要領におけるコンピュータに関する記述を抜粋した

表12-1　コンピュータに関する小学校学習指導要領の記述（文部科学省　2017）

総則	情報活用能力の育成を図るため、各学校において、コンピュータや情報通信ネットワークなどの情報手段を活用するために必要な環境を整え、これらを適切に活用した学習活動の充実を図ること。また、各種の統計資料や新聞、視聴覚教材や教育機器などの教材・教具の適切な活用を図ること。 　あわせて、各教科等の特質に応じて、次の学習活動を計画的に実施すること。 　ア　児童がコンピュータで文字を入力するなどの学習の基盤として必要となる情報手段の基本的な操作を習得するための学習活動 　イ　児童がプログラミングを体験しながら、コンピュータに意図した処理を行わせるために必要な論理的思考力を身に付けるための学習活動
国語	第3学年におけるローマ字の指導に当たっては、第5章総合的な学習の時間の第3の2の(3)に示す、コンピュータで文字を入力するなどの学習の基盤として必要となる情報手段の基本的な操作を習得し、児童が情報や情報手段を主体的に選択し活用できるよう配慮することとの関連が図られるようにすること。
国語	児童がコンピュータや情報通信ネットワークを積極的に活用する機会を設けるなどして、指導の効果を高めるよう工夫すること。
社会	学校図書館や公共図書館、コンピュータなどを活用して、情報の収集やまとめなどを行うようにすること。
算数	数量や図形についての感覚を豊かにしたり、表やグラフを用いて表現する力を高めたりするなどのため、必要な場面においてコンピュータなどを適切に活用すること。また、第1章総則の第3の1の(3)のイに掲げるプログラミングを体験しながら論理的思考力を身に付けるための学習活動を行う場合には、児童の負担に配慮しつつ、例えば第2の各学年の内容の〔第5学年〕の「B図形」の(1)における正多角形の作図を行う学習に関連して、正確な繰り返し作業を行う必要があり、更に一部を変えることでいろいろな正多角形を同様に考えることができる場面などで取り扱うこと。
理科	観察、実験などの指導に当たっては、指導内容に応じてコンピュータや情報通信ネットワークなどを適切に活用できるようにすること。また、第1章総則の第3の1の(3)のイに掲げるプログラミングを体験しながら論理的思考力を身に付けるための学習活動を行う場合には、児童の負担に配慮しつつ、例えば第2の各学年の内容の〔第6学年〕の「A物質・エネルギー」の(4)における電気の性質や働きを利用した道具があることを捉える学習など、与えた条件に応じて動作していることを考察し、更に条件を変えることにより、動作が変化することについて考える場面で取り扱うものとする。
生活	学習活動を行うに当たっては、コンピュータなどの情報機器について、その特質を踏まえ、児童の発達の段階や特性及び生活科の特質などに応じて適切に活用するようにすること。
音楽	児童が様々な感覚を働かせて音楽への理解を深めたり、主体的に学習に取り組んだりすることができるようにするため、コンピュータや教育機器を効果的に活用できるよう指導を工夫すること。

図画工作	コンピュータ、カメラなどの情報機器を利用することについては、表現や鑑賞の活動で使う用具の一つとして扱うとともに、必要性を十分に検討して利用すること。
家庭	指導に当たっては、コンピュータや情報通信ネットワークを積極的に活用して、実習等における情報の収集・整理や、実践結果の発表などを行うことができるように工夫すること。
体育	コンピュータや情報通信ネットワークなどの情報手段を積極的に活用し、各領域の特質に応じた学習活動を行うことができるように工夫すること。その際、情報機器の基本的な操作についても、内容に応じて取り扱うこと。
外国語	児童が身に付けるべき資質・能力や児童の実態、教材の内容などに応じて、視聴覚教材やコンピュータ、情報通信ネットワーク、教育機器などを有効活用し、児童の興味・関心をより高め、指導の効率化や言語活動の更なる充実を図るようにすること。
外国語活動	児童が身に付けるべき資質・能力や児童の実態、教材の内容などに応じて、視聴覚教材やコンピュータ、情報通信ネットワーク、教育機器などを有効活用し、児童の興味・関心をより高め、指導の効率化や言語活動の更なる充実を図るようにすること。
総合的な学習の時間	探究的な学習の過程においては、コンピュータや情報通信ネットワークなどを適切かつ効果的に活用して、情報を収集・整理・発信するなどの学習活動が行われるよう工夫すること。その際、コンピュータで文字を入力するなどの学習の基盤として必要となる情報手段の基本的な操作を習得し、情報や情報手段を主体的に選択し活用できるよう配慮すること。

ものである。最低限こうした授業実践を行うことが求められており、情報活用能力を育成する機会があるということを理解してもらいたい。また、情報活用能力に関する要素・学習内容が網羅されるようにカリキュラム・マネジメントを行うとともに、こうした機会を関連付けて指導することが求められる。ここで取り上げたのは小学校の学習指導要領であるが、中学校、高等学校の指導要領にもコンピュータに関する記述はあるので確認してもらいたい。

　コンピュータの活用を伴うという点では、キーボード入力、ファイル処理など、基礎的な操作技能についても学ぶことにはなるが、それだけを練習しても実際の課題解決に活用できるようになるとは限らない。例えば、情報検索の方法を学ぶ際に、カテゴリ検索、キーワード検索などの方法を練習するが、「何でもよいので検索してみよう」という指示では、学ぶ必然性を感じることができないだろう。そのため、社会科の時間で歴史上の人物について検索するというように、調べる必然性のある課題を設定する方が、活用する力が身に付くと

考えられる。このように教科等横断的に学習の基盤となる情報活用能力を育成していくことが重要である。

　教科には教科の目標があり、その学習内容に関わる教育目標の設定と達成の評価が行われる。その過程における調べ方の指導が疎かにならないよう、教科の目標に情報活用能力の達成に関する目標も設定しなければ、それを達成できたかどうか確認しないままになってしまうことが危惧される。例えば、社会科の時間であったとしても、どのような検索の方法を身に付けるのか、そのための指導と評価をどのように行うのか検討する必要がある。

4. 情報活用能力の要素を満たすカリキュラム・マネジメント

　教科等横断的に情報活用能力を育成するためにカリキュラム・マネジメントを行う場合に、情報活用能力の要素を満たすことができるように計画することが重要である。その際、情報活用能力に関する「3観点8要素」の内容を満たすことができるように、学習活動やバランスを見直すことが有効だと考えられる。表12-2に情報活用能力の「3観点8要素」と関係のある学習活動例を示した。

　どのような学習活動が、どのような情報活用能力の要素を育成することにつながっているか意識して、カリキュラム・マネジメントを行うことが望ましい。また、抜け落ちてしまう情報活用能力の要素がないように注意する必要がある。ここで挙げた以外にも、情報活用能力を育む学習活動はあると考えられる。どのような情報活用能力の要素をどのような教科・単元の中に位置付けて育成できるか考えてもらいたい。

表12-2 情報活用能力の「3観点8要素」と関係のある学習活動例

「3観点8要素」の項目	学習活動例
a. 課題や目的に応じた情報手段の適切な活用	「デジタルカメラ撮影・部分拡大を活かして、実験・観察の結果を伝える理科の学習活動」「ネイティブの発音を学ぶために、映像教材のデータベースを活用する英語の学習活動」など
b. 必要な情報の主体的な収集・判断・表現・処理・創造	「インターネットで全国の気温を調べ、地域による差の要因を分析・考察する理科の学習活動」「世代ごとの人口とその経年変化をグラフ化して特徴を考察する算数・数学の学習活動」など
c. 受け手の状況などを踏まえた発信・伝達	「本を紹介するPOP広告を作る際に見る人の状況を踏まえ魅力を伝える国語の学習活動」「スライドを示しながら英語でプレゼンテーションする英語の学習活動」など
d. 情報活用の基礎となる情報手段の特性の理解	「図形を描画するプログラミングを体験しながら、コンピュータに意図した処理を行わせる算数の学習活動」「歴史上の人物を調べる時に教科書、歴史マンガ、映像、Webサイトなど異なる手段を用いて、特性の違いを考える社会科の学習活動」など
e. 情報を適切に扱ったり、自らの情報活用を評価・改善するための基礎的な理論や方法の理解	「問題に対する考え方を他者に伝え、その伝え方がよかったかどうかを相互評価させる算数の学習活動」「食糧自給率のグラフを読み解き、将来予測と根拠を探して提示する社会科の学習活動」など
f. 社会生活の中で情報や情報技術が果たしている役割及ぼしている影響の理解	「情報産業について学ぶ単元で、情報技術の役割や影響を考えさせる社会科の学習活動」「生活上の困難を解決するロボットプログラミングの課題に取り組ませる技術科の学習活動」など
g. 情報のモラルの必要性や情報に対する責任	「多様な価値観をもった人がいるネット社会における善悪の規範を学ぶ道徳の学習活動」「調べ学習の際に出典を記載する指導を行う社会科の学習活動」など
h. 望ましい情報社会の創造に参画しようとする態度	「望ましい社会を目指して意見文を書く国語の学習活動」「情報共有する際に望ましい表現方法を考えさせる社会科の学習活動」など

5. 情報活用能力の変遷とメディア・リテラシーの接点

　文部科学省（2015）は、学習者の情報活用能力について、把握・分析するとともに、指導の改善・充実に資するため、小・中学生を対象にコンピュータを用いた情報活用能力調査を2013（平成25）年10月から2014（平成26）年1月にか

けて実施している。その結果、学習者の情報活用能力には、次のような傾向があることが示された。

> 1. 小学生について、整理された情報を読み取ることはできるが、複数のウェブページから目的に応じて、特定の情報を見つけ出し、関連付けることに課題がある。また、情報を整理し、解釈することや受け手の状況に応じて情報発信することに課題がある。
> 2. 中学生について、整理された情報を読み取ることはできるが、複数のウェブページから目的に応じて、特定の情報を見つけ出し、関連付けることに課題がある。また、一覧表示された情報を整理・解釈することはできるが、複数ウェブページの情報を整理・解釈することや、受け手の状況に応じて情報発信することに課題がある。

　このように、情報活用能力の中でも、情報を読み取る能力や情報発信する能力についての課題が指摘されている。ここでは、そうした能力と関係があるメディア・リテラシーという能力について確認する。

　中橋（2021）は、「情報教育」の概念が時代を経て蓄積・拡張されてきたことを整理している（図12-1）。これは、岡本（2000）の整理を踏まえて、中橋（2005）が作成した「第一世代～第四世代の情報教育」にそれ以降の時代を追加して作成したものである。第一世代（1980年代～）で特に重視されていたプログラミングやアルゴリズムに関わる内容は、第七世代（2010年代後半～）においても継承され、情報教育として行われているというように読み取ってもらいたい。

　この図からもわかるように、情報活用能力は、コンピュータによる情報処理だけでなく、映像表現や情報通信技術を活用して、人と人とのコミュニケーションを媒介するメディアの仕組みや、コミュニケーション能力なども含むものとされるようになってきた。そのため、この図では、情報活用能力とメディア・リテラシーという能力との関係について整理している。メディア・リテラシーとは、「メディアの意味と特性を理解した上で、受け手として情報を読み解き、送り手として情報を表現・発信するとともに、メディアの在り方を考え、行動していくことができる能力」のことである。メディア・リテラシーと情報活用能力は、それぞれ求められるようになった背景、目的、活動などにおいて、

ルーツが異なるものであるが、重なり合う領域が増えてきた。これらの違いと共通点を理解した上で、それぞれが重視してきたことが実現できるような学習活動となるよう授業をデザインすることが重要である。

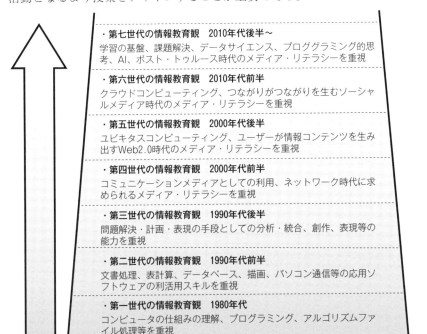

・第七世代の情報教育観　2010年代後半〜
学習の基盤、課題解決、データサイエンス、プロググラミング的思考、AI、ポスト・トゥルース時代のメディア・リテラシーを重視

・第六世代の情報教育観　2010年代前半
クラウドコンピューティング、つながりがつながりを生むソーシャルメディア時代のメディア・リテラシーを重視

・第五世代の情報教育観　2000年代後半
ユビキタスコンピューティング、ユーザーが情報コンテンツを生み出すWeb2.0時代のメディア・リテラシーを重視

・第四世代の情報教育観　2000年代前半
コミュニケーションメディアとしての利用、ネットワーク時代に求められるメディア・リテラシーを重視

・第三世代の情報教育観　1990年代後半
問題解決・計画・表現の手段としての分析・統合、創作、表現等の能力を重視

・第二世代の情報教育観　1990年代前半
文書処理、表計算、データベース、描画、パソコン通信等の応用ソフトウェアの利活用スキルを重視

・第一世代の情報教育観　1980年代
コンピュータの仕組みの理解、プログラミング、アルゴリズムファイル処理等を重視

図12−1　時代ごとに拡張されてきた情報教育観（中橋　2021）

6．情報活用能力とその教育方法を捉え直す重要性

　以上のように、情報教育の実践や研究に取り組んできた教師や研究者の蓄積の結果、現在のように情報活用能力が整理されてきた。情報活用能力の3観点8要素は長らく継承されているが、具体的な学習内容や教育方法については、状況に応じて複雑に変化し続けている。これを完成形と捉えるのではなく、更なる蓄積を重ね、発展し続けていくものとして考えることが重要である。また、

情報社会の進展により、新たに必要とされる能力やそのための学習内容についても考えていく必要があるだろう。さらに、それに適した教育の方法を検討し、授業を改善していくことが求められる。

　高等学校では、平成11年改訂の学習指導要領において、必修教科として情報科が新設され、普通教科としては、「情報A」「情報B」「情報C」という3科目が設定された。その後、平成21年改訂の学習指導要領において、「社会と情報」「情報の科学」の2科目に再編された。さらに、平成30年改訂の学習指導要領において、共通必履修科目「情報Ⅰ」と発展的な選択科目「情報Ⅱ」の2科目に再編された。「情報Ⅰ」は、2025（令和7）年1月実施の大学入学共通テストから出題されることとなった。一方、小学校・中学校には、高等学校のような必修教科は設置されていない。各教科・領域の中にその育成を位置付けることが望ましいという考え方もあるが、新教科を設置した方が確実な教育機会を提供することができるという考え方もある。どのような在り方が望ましいのだろうか？　その答えは1つに決まるものではない。さらに望ましい方法がないか、現状の在り方を批判的に検討し、実践と検証を重ね、必要に応じて組み換える柔軟さは、今後も教師に求められることの1つだろう。これからの時代において必要とされる情報活用能力とその教育方法について考えてみてもらいたい。

【引用文献・参考文献】（URLは、2023年7月15日確認）

文部科学省（2020）「教育の情報化に関する手引（追補版）」https://www.mext.go.jp/a_menu/shotou/zyouhou/detail/mext_00117.html

文部科学省（2017）「小学校学習指導要領（平成29年告示）」https://www.mext.go.jp/content/20230120-mxt_kyoiku02-100002604_01.pdf

文部科学省（2015）「情報活用能力調査の結果について」https://www.mext.go.jp/a_menu/shotou/zyouhou/1356188.htm

中橋　雄（2021）『【改訂版】メディア・リテラシー論—ソーシャルメディア時代のメディア教育』北樹出版

Chapter

13

情報モラル

【本章の概要】　本章では、「児童及び生徒に情報活用能力（情報モラルを含む。）を育成するための基礎的な指導法を身に付ける」ために「各教科、道徳、特別活動、総合的な学習の時間において、横断的に育成する情報モラルの内容と指導事例、基礎的な指導法」について学ぶ。

【教育方法について考える】　小学校6年生の担任になったつもりで考えてもらいたい。総合的な学習の時間で、「食品ロス」をテーマに設定し、グループごとに調べたことを活かして、給食の食べ残しを減らすポスターを制作する課題解決学習を行うことになった。学習者は、インターネットに接続された1人1台端末を学習に活用できる環境にある。家庭学習を含む授業時間外に端末を活用して調べて、まとめて、制作を進める。授業時間には、進捗状況を確認したり、調べてきたことを共有して相互に助言したりする活動を行っている。学習者は、主体的に端末を活用する。教師や保護者の目の届かないところで、インターネットを利用したり、オンラインでグループワークをしたりすることもある。そうした実践をするためには、学習活動を関連付けて情報モラルに関する教育を行うことも求められる。以下の項目について学ぶ際、どのような機会を通じて学習するとよいか計画を立ててもらいたい。

(1)　情報発信による他人や社会への影響
(2)　ネットワーク上のルールやマナーを守ることの意味
(3)　情報には自他の権利があること
(4)　情報には誤ったものや危険なものがあること
(5)　情報セキュリティの重要性とその具体的対策
(6)　健康を害するような行動

1．情報モラルとは

平成29・30・31年改訂学習指導要領には、学習の基盤となる資質・能力の1

つとして、「情報活用能力（情報モラルを含む。）」が挙げられている。まず、ここでの「情報モラル」という言葉の意味を書き出してみてもらいたい。これまで「情報モラル」という言葉の意味を調べたことがなかったとしても、「情報」と「モラル」という言葉の意味を知っていれば、その意味を想像して書くことができたのではないだろうか。また、情報モラルの必要性を指摘する報道や書籍などに触れていれば、その文脈から意味を理解しているということもあるだろう。

　一方で、その言葉が意味することの範囲については、それまでの経験から人それぞれ異なるイメージが作られていると考えられる。そこで、日本の学校教育において実践されるべき「情報モラル教育」について考える際には、学習指導要領解説に記載されている言葉の意味を参照することが重要になる。その上で、自分の考えていた範囲との整合性を確認するとともに、「それも含むのか」という気付きがあれば、概念を拡張して捉えてもらいたい。また、学習指導要領の記述に対しても「他にも必要なことがあるのではないか？」と批判的に考えることを通じて、理解を深め、今後の在り方についても考えてもらいたい。

　情報モラルとは、「情報社会で適正な活動を行うための基になる考え方と態度」のことであると学習指導要領解説において説明されている。これだけでは、あまりにも範囲が広すぎると感じるだろう。そこで、これを基本的な考え方として、具体化した目標が３つ示されている。まず、「他者への影響を考え、人権、知的財産権など自他の権利を尊重し情報社会での行動に責任をもつこと」である。次に、「犯罪被害を含む危険の回避など情報を正しく安全に利用できること」である。そして、「コンピュータなどの情報機器の使用による健康との関わりを理解すること」である。このように具体化して、要素に分けて考えてみると「権利侵害の回避」「犯罪被害・加害の回避」「健康被害の回避」といったように質的に異なる多様な学習内容が含まれていることがわかる。

　こうした「権利侵害の回避」「犯罪被害・加害の回避」「健康被害の回避」などは、気付かないうちに加害者にも被害者にもなり得る深刻な問題である。そのため、このような問題に遭遇しないためにコンピュータやインターネットの

使用自体を禁止すればよいと考える人もいる。しかし、そうすることで適正な行動かどうかを判断する力を身に付ける機会を奪ってしまうことになる。既にICTに関わらずに生活していくことは困難な社会になりつつある。そのため、使用を禁止することは本質的な問題解決にならない。発達段階に応じて、情報モラルを身に付けた上で積極的にICTを活用できるようにすることが望ましい。情報モラル教育は、ICTの使用を禁止する教育ではない。むしろ積極的に活用する中で、適正な行動を身に付けるための教育として、情報社会に参画するために情報技術との関わり方を学習者自身が判断できるようになるための教育だと捉えることが重要である。

　ICTの活用がもたらす光と影、それぞれの側面から考える必要がある。つまり、「どのような危険があるのか」「何をしてはいけないのか」といったことだけに目を向けるのではなく、「どのようなよさがあるのか」「何をすればよいのか」といったことについても考えるということである。例えば、「著作権があるので使用を禁止するのではなく、権利処理を行えば権利を侵害することなく利用できることについて学ぶ」「セキュリティのリスクがあるのでPCの利用を禁止するのではなく、セキュリティを強固なものにする方法について学ぶ」「使いすぎないように禁止するのではなく、健康を維持できる使い方について学ぶ」といったように、「禁止」ではなく「積極的活用」のためにどうするとよいか考え、判断し、実行していくことができるようにすることが重要である。

２．何を考える学習活動が必要か

　では、情報モラルを育成するためには、どのようなことについて考える学習活動を行う必要があるのだろうか。学習指導要領解説の中では、以下の6点が示されている。

・情報発信による他人や社会への影響について考えさせる学習活動
・ネットワーク上のルールやマナーを守ることの意味について考えさせる学習活動

- ・情報には自他の権利があることを考えさせる学習活動
- ・情報には誤ったものや危険なものがあることを考えさせる学習活動
- ・情報セキュリティの重要性とその具体的対策を考えさせる学習活動
- ・健康を害するような行動について考えさせる学習活動

　「情報発信による他人や社会への影響について考えさせる学習活動」「ネットワーク上のルールやマナーを守ることの意味について考えさせる学習活動」「情報には自他の権利があることを考えさせる学習活動」は、「権利侵害の回避」のために必要になる。「情報には誤ったものや危険なものがあることを考えさせる学習活動」「情報セキュリティの重要性とその具体的対策を考えさせる学習活動」は、「犯罪被害・加害の回避」のために必要になる。「健康を害するような行動について考えさせる学習活動」は、「健康被害の回避」のために必要になる。以下では、それぞれの項目について具体例を挙げながら、学習活動の必要性について説明する。

（1）　情報発信による他人や社会への影響について　　　考えさせる学習活動

　質が高く、需要のある情報を発信することで人の役に立つことができる。例えば、文化的に質の高い作品を発信することで、人を感動させたり、豊かな気持ちにさせたりすることができる。災害情報は人の命を救うことができるかもしれない。その一方、配慮が足りないと、人に迷惑をかけてしまうこともある。間違った情報、誤解を招く情報を発信した場合には、社会の混乱、争い、経済的な損害などが生じることがある。また、悪ふざけをして、人を傷つけたり、不快にさせたりしてしまうこともある。そのため、情報発信による他人や社会への影響について考えさせる学習活動が必要だといえる。

（2） ネットワーク上のルールやマナーを
守ることの意味について考えさせる学習活動

　インターネットを使えば、様々な情報を入手することができる。また、自ら情報を発信して人の役に立つこともできる。多様なコミュニティで交流して、人と人との交流を生み出すことができる。その一方、そうした場でのルールやマナーを守らない人がいることで、混乱や争いが生じてしまうことがある。皆にとって心地よい場にするためには、一定の秩序が必要であり、ルールやマナーを守ることが重要になる。そのため、ネットワーク上のルールやマナーを守ることの意味について考えさせる学習活動が必要だといえる。

（3）　情報には自他の権利があることを考えさせる学習活動

　役立つ情報には価値がある。誰もが情報発信することができ、自分が作ったものにも、他者が作ったものにも、著作者としての権利が発生する。映像作品を制作するようなものから、売り上げを伸ばすために商品のチラシを作ることや新商品開発のためのプレゼンテーションまで、情報を得ることや発信することが、収入を得ることにつながっている人は少なくない。複製が容易なデジタル技術のおかげで、多くの人に届けやすくなった。その一方、複製が容易であることから必要とされる対価を支払わずに利用されてしまう問題も起きている。知的な財産を不当に使用されてしまうと、次の作品を作る意欲がなくなり、文化が衰退することも危惧される。そうした権利侵害が生じやすい状況にあるからこそ、権利を守るルール作りや1人1人の適切な行動が求められている。そのため、情報には自他の権利があることを考えさせる学習活動が必要だといえる。

（4）　情報には誤ったものや危険なものがあることを
考えさせる学習活動

　インターネットの普及発展によって、世界中の情報にアクセスできるようになった。また、誰もが情報発信できるようになった。それまでになかったよう

な交流が行われ、知的生産活動も活発なものになった。その一方、誤情報や偽情報も氾濫することとなった。情報の速報性が高まる代わりに、不確かなことも多く伝えられている。信憑性を確認することができない情報も少なくないが、間違いや嘘があるかもしれないことを踏まえ、確かめ、判断する必要がある。また、情報には暴力的なもの、人権を侵害するようなもの、マインドコントロールしようとするようなものなどが含まれている場合があり、時には距離をおいて抵抗する力が必要になる。そのため、情報には誤ったものや危険なものがあることについて考えさせる学習活動が必要だといえる。

（5） 情報セキュリティの重要性とその具体的対策を考えさせる学習活動

　個人認証によって決済を行う仕組みや機密情報を他の人に盗まれない仕組みのおかげで、様々な社会活動が効率化された。例えば、IDとパスワードさえあれば、普段使っている端末でなくても、自分の使いやすいようにカスタマイズされた環境を呼び出して作業することができる。また、いつでも、どこでも、自分が管理する情報にアクセスできる。一方で、それを脅かす脅威もある。具体的には、パスワードを盗み取り、不正にアクセスして、財産を奪い取られたり、なりすまされて迷惑行為に使われたりする。犯罪被害を防ぐために、最低限の情報セキュリティを備えることが求められる。そのため、情報セキュリティの重要性とその具体的対策について考えさせる学習活動が必要だといえる。

（6） 健康を害するような行動について考えさせる学習活動

　人々は、情報を得たり伝えたりする欲求をもっている。その欲求が満たされることによって、経済的・精神的な豊かさを得ることができる。例えば、SNSで自分が情報発信したことに対して高評価をもらえると幸せな気持ちになるといったことがある。一方で、その欲求を満たすために利用し続け長時間利用した結果、健康を害するといった問題もある。深夜まで使い続け、翌日起きることができず、学校や仕事に行くことができなくなるなど、日常生活を送ること

ができなくなる状況も生じ得る。そのため、健康を害するような行動について考えさせる学習活動が必要だといえる。

３．情報モラルの教育方法

　情報モラルに関する教育を行う場合、学習者に自分のこととして受け止めてもらえない難しさがある。今まさに困っていることがある場合は、「何とか解決したい」「２度と同じ目に遭いたくない」と真剣に考えてもらえるだろう。しかし、本来はそうなる前にトラブルを回避できることが望ましい。そこで、少しでも学習者が自分のこととして考えることができるように、実際に取り組んでいる学習活動と情報モラルの必要性を関連付けることが有効だろう。以下では、総合的な学習の時間で、「食品ロス」をテーマに設定し、グループごとに調べたことを活かして、給食の食べ残しを減らすポスターを制作する課題解決学習を例に考える。この実践における、どのような学習活動において、情報モラルを育成する機会を作ることができるだろうか。

　給食の食べ残しを減らすポスター制作は、他人や社会に対して影響を与える情報を発信する活動である。提示する情報に間違いがあると人に迷惑をかけることになるし、表現によっては傷つく人がいるかもしれない。そうした観点から自分たちの作品を見直してみることで、実感をもって学ぶことができると考えられる。このような機会を捉えて、情報発信による他人や社会への影響について考えさせる学習活動を行うことができるだろう。

　制作したポスターに対して、オンライン上で学習者同士が相互評価を行い、改善点に関するコメントを入力してアドバイスし合う学習活動を行うとする。文字だけのコミュニケーションでは感情が伝わりにくいため、相手を傷つけたり怒らせたりしてしまわないように注意することが必要である。このような機会を捉えて、ネットワーク上のルールやマナーを守ることの意味について考えさせる学習活動を行うことができるだろう。

　ポスターに注目してもらうためにアニメのキャラクターを使いたい場合、人

物の写真を使いたい場合といったケースを考える中で、著作権や肖像権などについて学ぶことができる。また、根拠を示すための資料を引用する場合、その方法も学ぶことができる。さらに、自分たちが制作したポスターには、自分たちの著作権が発生するが、これを使いたいと申し出があった場合に、どのような条件であれば利用を許諾するか考えるといったことにも意義がある。このような機会を捉えて、情報には自他の権利があることを考えさせる学習活動を行うことができるだろう。

　制作するポスターで「食品ロス」の問題状況を伝えるために、インターネット上の統計資料を用いて数量的に根拠を示す場合や、「食品ロス」に関して誰かが公開している記事などを根拠にした説明をする場合に、情報の信憑性を確認する必要が出てくる。中には極端な考えや行動へと誘導しようとする情報に接するかもしれない。このような機会を捉えて、情報には誤ったものや危険なものがあることを考えさせる学習活動を行うことができるだろう。

　端末を持ち帰り、家庭学習に利用する際は、端末を他の誰かに使われてしまうことのリスクについて学ぶ必要がある。端末が高価なものなので置き忘れたり、盗まれたりしないように注意するということだけでなく、情報漏洩やなりすましなどの被害が生じないように端末にログインする適切なパスワードを設定し、適切に管理する重要性について学ぶことができる。このような機会を捉えて、情報セキュリティの重要性とその具体的対策を考えさせる学習活動を行うことができるだろう。

　端末を持ち帰り、家庭学習に利用する際は、つい夢中になって長時間作業してしまうこともあると考えられる。家庭学習での利用計画を考えさせ、夜遅くまで使わないことや確実に休憩時間を取ることができるようにするにはどうしたらよいか考えさせることができる。使用した時間を自分で記録して分析させて、健康を維持しながら活用することの重要性について学ぶことができる。このような機会を捉えて、健康を害するような行動について考えさせる学習活動を行うことができるだろう。

　こうした学習活動を発達段階に応じて多様な教科領域の学習の中に位置付け

ることが重要である。情報モラルが質的に異なる多様な要素で構成されている
とするならば、具体的なレベルで「どのようなタイミングで、どのような内容
を、どのような方法で学ぶのか」ということについて検討することが重要にな
る。そして、年間を通じて学習内容を網羅しつつ、繰り返し指導できるように
学校ごとにカリキュラム・マネジメントを行うことが必要になる。

4．情報モラル教材の活用

　学習活動との関連の中で自分のこととして考えることができる情報モラル教
育を実践していくことが重要である。その実践では既存の教材を活用すること
が有効だろう。また、体系的に整理された教材であれば、カリキュラム・マネ
ジメントを行う上でも参考になるだろう。例えば、文部科学省は、「情報化社
会の新たな問題を考えるための教材〈児童生徒向けの動画教材、教員向けの指
導手引き〉」を公開している。これは、授業で活用することを想定した動画教
材である。登場人物がトラブルに直面するドラマを視聴し、何が問題だったの
か、どうすればよかったのかワークシートを用いて考えた後、解説編の映像を
視聴して学ぶ教材である。教材の内容を以下に示す。

```
【文部科学省　情報化社会の新たな問題を考えるための教材】
教材1　ネットゲームに夢中になると……（ネットの使い過ぎ）
教材2　身近にひそむネットの使い過ぎ（ネットの使い過ぎ）
教材3　そのページ、確認しなくて大丈夫？（ネット被害　※利用規約）
教材4　ネット詐欺等に巻き込まれないようにするために（ネット被害　※不正請求）
教材5　軽い気持ちのID交換から……（ネット被害　※ストーカー被害）
教材6　写真や動画が流出する怖さを知ろう（ネット被害　※個人情報の流出）
教材7　ひとりよがりの使い方にならないように（SNS等のトラブル）
教材8　情報の記録性、公開性の重大さ（SNS等のトラブル※個人情報の流出）
教材9　SNSへの書き込みの影響（SNS等のトラブル※ネット炎上）
教材10　軽はずみなSNSへの投稿（SNS等のトラブル※不適切な行為）
教材11　パスワードについて考えよう（情報セキュリティ）
```

教材12	大切な情報を守るために（情報セキュリティ）
教材13	うまく伝わったかな？（適切なコミュニケーション）
教材14	コミュニケーションの取り方を見直そう（適切なコミュニケーション）
教材15	SNSを通じた出会いの危険性（ネット被害）
教材16	スマートフォンやタブレットなどの使い過ぎ（ネットの使い過ぎ）
教材17	スマートフォンやタブレットなどの利用マナー（SNS等のトラブル）
教材18	著作物を公開するためには（SNS等のトラブル）
教材19	学習用タブレットの上手な使い方（学習者用端末の適切な活用）
教材20	思ったままSNSに送信しただけなのに（SNS等のトラブル）
教材21	タブレットを活用した学習活動について考えよう（学習者用端末の適切な活用）

　また、文部科学省は、これと関連して、学習者が各自の端末で学習できる
「情報モラル学習サイト」も公開している（図13-1）。これは、サイト上でクイ
ズに回答しながら学んでいくインタラクティブ教材である。
　例えば、トップページの「情報を発信する」というカテゴリーから「SNSの
影響を考える」というボタンを押すと、ストーリーを確認した後、3つの問題

図13-1　情報モラル学習サイト（文部科学省）

に回答するように指示がある。中学生4人がスーパーで職場体験活動を行っている際、そこで働いていたアルバイトの大学生が中学生の緊張をほぐそうと、悪ふざけを始め、その様子をSNSに公開して、ネット炎上を起こしてしまうというストーリーである。クイズの1問目は、「ネットの炎上（特定の対象に批判などが集中すること）について、正しいものはどれか」という問題が出題される。「（ア）拡散することで炎上させようとする人もいる」の（ア）には「わざと」の選択肢が正解、「正義感から個人を（イ）しようとする人もいる」の（イ）には「特定」の選択肢が正解となる。2問目は、「お店の中で『ふざけて商品を食べようとしている動画』を撮っている友達がいました。あなたはどのようにアドバイスしますか。」という問いで、4つの選択肢の中から「匿名で公開しても個人が特定されるかもしれないよ」「お店から損害を請求されるかもしれないよ」という正解を選択させる。その際、実際にはどうなるか動画のストーリーを確認するよう指示が出てくる。3問目の「自分の投稿が炎上（批判が集中）してしまった場合、どのように対応するべきでしょうか。あてはまるものを、全て選んでください。」という問いに対しては、「スクリーンショットなどで記録する」「先生や家族に報告する」という選択肢が正解となる。このように質問が出題され、回答すると解説が表示される。全て回答し終わると「もっと学びたいときはコチラ！」と表示され、先述した動画教材「教材10　軽はずみなSNSへの投稿（SNS等のトラブル※不適切な行為）」へのリンクも表示される。以上のように、学習者が端末を用いてこの教材で学ぶことを想定して作られている。

　また、総務省は、「上手にネットと付き合おう！」というサイトを公開しており、「未就学児・未就学児の保護者向けのページ」「青少年向けのページ」「保護者・教職員向けのページ」「シニア向けのページ」というように、学校教育に限定することなくトラブル事例とそれを回避する方法について解説している。こうした教材も情報モラル教育において活用することができるだろう。

　人によって考え方や価値観の違いがあるような内容の場合、その都度判断する力も必要になるが、対応策が明確なトラブル事例・回避方法も多い。学習者

1人1台端末を活用する上でも、最低限こうした教材の内容を学ぶことが望ましい。

【引用文献・参考文献】 (URLは、2023年7月15日確認)

文部科学省「GIGAスクール構想について」https://www.mext.go.jp/a_menu/other/index_0001111.htm

文部科学省（2020）「教育の情報化に関する手引（追補版）」https://www.mext.go.jp/a_menu/shotou/zyouhou/detail/mext_00117.html

文部科学省「情報化社会の新たな問題を考えるための教材〈児童生徒向けの動画教材、教員向けの指導手引き〉」https://www.mext.go.jp/a_menu/shotou/zyouhou/detail/1416322.htm

文部科学省「情報モラル学習サイト」https://www.mext.go.jp/moral/#/

総務省「上手にネットと付き合おう！」https://www.soumu.go.jp/use_the_internet_wisely/

14

指 導 技 術

【本章の概要】　本章では、「教育の目的に適した指導技術を理解し、身に付ける」ために「話法・板書など、授業を行う上での基礎的な技術」について学ぶ。

【教育方法について考える】　教師になったつもりで考えてみてほしい。中学校2年生の社会科で人口減少・少子化の問題について学ぶ授業を行うことになっている。学習者にどのような問いを投げかけると、学習者の思考を促し、学習の質を高めることができるだろうか。

1．指導技術とは

　小学校の授業を参観していると、日直が、「姿勢を正してください。これから3時間目の授業を始めます。」といって始まる授業を見ることがある。この始め方には、どのような意味があるのだろうか。この始め方をするように指導した場合としない場合で変わることは何だろうか。皆やっているからやっているということであれば、やり始めた時の意義や内容が失われた「形骸化」の状態に陥っていることになる。その意義について捉え直すことが、授業改善や指導技術の向上につながると考えられる。

　授業を始める挨拶には、礼儀作法を身に付けさせるという意図もあるかもしれないが、学ぶ姿勢を作る機能を果たしていると考えられる。授業と授業の間には、休憩時間がある。教室の移動をする場合もある。友達と話している途中の場合もあるし、何か他の考えごとをしているということもあるだろう。学習者の学ぶ姿勢を作らずに、授業を始めてしまうと、教師の言葉は学習者に届かずに、授業が成立しなくなることもある。

　大学の授業では、日直が号令をかける方法を見ることはほとんどない。大学

は学びたいという思いをもち、学ぶ姿勢を自分で作ることができる学習者が集まるところだからだと考えられる。しかし、学ぶ姿勢を自分で作ることができない学習者がいる場合には、気持ちを切り替える時間を作り、その意義について学習者と共有することが有効な場合がある。それと同様に、初等・中等教育段階においても、「学ぶ姿勢を作ることが、自分たちの成長につながる」という意義を学習者とともに考える機会を作ることは有効だと考えられる。

　学習者の成長にとって望ましい方向へ導くための意図的な手段を「指導技術」という。授業を実践する際に教師に求められる指導技術には、どのようなものがあるだろうか。例えば、学習者に対する指示や発問、指名や評価、説明や板書、机間指導、教材・ノート・ICTの活用指導など、それぞれ意図して行う働きかけがある。学習内容に対する学習者の理解を助けるために教師が説明方法を工夫するといった指導技術だけでなく、学習者が自分自身の学びを改善できるように教師から働きかける指導技術もある。教師が学習者を支援するためにできることは何か考えてみてもらいたい。

２．学習目標と活動の流れを明確化する

　教科の学習においては何を学ぶか一定程度決められたものがあるため、教師から学習者に学習の目標や内容を伝えることになるが、その場合でも、学習者が興味・関心をもてるように工夫することはできるだろう。例えば、授業の導入において、本時の学習課題と関係のありそうな「最近話題になっていること」や「学習者がこれまでに体験したこと」を思い起こさせるだけでも、自分と関係があることとして受け止めることができる。これまでの経験やもっている知識と関係付けて学ぶ意義を実感することで、学びに向かう力を引き出すことにつながると考えられる。

　学習者が主体的に学ぶことができるようになるためには、「何を学ぶか」「どうやって学ぶか」「どのような手続きで学ぶか」ということについて、自分で判断できるようにならなければならない。そのためには、学習の目標と活動の

流れを理解しておく必要がある。そうでなければ、学習者は見通しをもてず、学習者が自ら学んでいく授業を実現することはできない。教師は、学習者とめあてを共有して見通しをもたせることが必要である。こういった場合に、「前回は、○○について学びました。今回は、その続きの○○について学びます」といったように始めることもできるが、「前回は何を学んだか覚えていますか？今回何を学ぶとよいと思いますか？」というように、学習者が自分で考える機会を作ることが有効だと考えられる。

3．全体に指示を通す

　授業を始める際には、学習者集団に対して「席についてください」「おしゃべりをやめてください」「教科書とノートと端末を準備してください」といった指示をする場合がある。また、限られた時間の中で一定の目標を達成させることを考えると、時間配分を提示して、「これから何をする」「何時までに何をする」といった指示をすることになる。さらに、学習活動に取り組んでいる最中に「一旦作業をやめてください。補足の説明をします。」「作業の時間はここまでです。発表者の発表を聞いてください。」といった指示をする必要がある。こうした指示を行う際には、作業に集中できるように、作業中に説明を加えないなど注意した方がよいことがある。

　例えば、授業開始時に準備ができていないまま先に進めてしまうと、「席につかなくてもよい」「おしゃべりなど他のことをしていても許される」「授業のための準備をしていなくてもよい」という学級の文化ができてしまう。また、見通しをもたせる指示が通らないと、「何をしてよいかわからない・何もしない」「時間内にできない・いつまでたってもできない」という状況が生じる。さらに、作業を中断する指示が通らないと、「補足説明を聞かずにわからなくなる」「他の人の発表を傾聴せず、学びが生じない」ということになりかねない。その結果、指示に従っていた学習者にとっての学びやすい環境も損なわれてしまう。そうならないためには、どうすればよいだろうか。

その解決方法は学習者集団によって異なる。どのような方法が有効か、試行錯誤しなければならない。重要なことは、指示が通っているかどうか確認して、そうでない場合に放置しないことである。指示が通らない要因には、たまたま別のことに夢中になっていたという場合だけでなく、具合が悪い場合や反抗心による場合なども考えられるため、その要因を探ることが対応を考える手掛かりになる。しばらく間をとってもできない場合には、「準備ができた人は前を向いてください」と声をかけ、できていない人の近くに行って声をかけることによって気持ちをつなぐ方法がある。名指しで注意する方法もあるが、自尊心を傷つけて、気持ちが切断されてしまわないように配慮が必要な場合もある。

　電話がつながっていないと会話できないのと同様に、教師と学習者の関係性ができていなければ、教師の言葉は学習者に伝わらない。学級全体の学びを充実したものにするためにも、個々とつながっている状況にあるかどうかを気にしておくとよいだろう。教師と学習者の気持ちがつながるだけでなく、学習者同士の気持ちをつなぐための指導も必要である。発言する際に、緊張して自信のなさそうな小さな声で発言する学習者がいる。また、教師にぎりぎり聞こえるくらいの声で話す学習者がいる。教師としては、学級全体で意見を共有することが目的の場合もあるだろう。その際には「もっと大きな声でお願いします」というように本人に注意をする方法もあるが、離れた席の学習者に「○○さん、今の発言、伝わりましたか？」と問いかける方法がある。そうすることで、なぜ大きな声を出す必要があるのか、どのくらいの大きな声を出せばよいのか考えることができる。ちょっとした指導の違いで、発表者は伝えようとする姿勢に、聴く側は聴こうとする姿勢になる。「大きな声で」という注意だけだと、それが目的化してしまい怒鳴るような大きな声を出す学習者が出てくる場合があるが、本当の意味で伝えることができる方法だといえるのか、考えさせることが重要である。

4．全体提示とノート指導

　教室には、様々な教材・教具があるが、その中でも存在感があって、使用頻度が高いのは、教室の前面にある黒板やホワイトボードであろう。教師が、学習者集団全体に向けて伝えたいことを表現・提示しながら説明する際に、手軽に使うことができる。

　板書は、表現の自由度が高いことから、様々な用途で利用されてきた。例えば、学習内容に関する重要なキーワードや説明を書いたり、図形を描いて面積の求め方を解説したりする目的で使うことがある。また、学習者から考えを引き出し、それを書き出していく中で、学級全体の多様な考えを比較したり、構造化したりしながら、理解を深めていく使い方もある。教師が黒板に問題を書き、学習者が前に出てきて解答を書き込み、教師が確認・解説しながら考え方を説明するといった方法もあるだろう。また、学習活動の目的、手順、時間配分などを書いて学習活動の見通しをもたせるために使われることもある。他にも様々な活用可能性が考えられる。研究授業の際には、授業の設計図である学習指導案に板書計画を記すこともあるほど、計画的に意図をもって板書を活用することが重視されてきた。どのような目的のためにどのような使い方ができるか、目的と手段をセットで考えてみてもらいたい。

　板書は、書く場所がなくなった場合や別の授業で使う場合には消すことになるため、大事なことは、いつでも見直せるようにノートに書き写すように指導することが重要である。その際、書かれたことを写すことが学習者の中で目的化してしまわないように注意する必要がある。何も考えずに板書をただノートに写しているだけでは、学び、成長することにはならない。書き写すプロセスの中で思考を働かせるとともに、後から見直して考えることができるように、書かれたことや説明されたことだけでなく、自分で考えたことも書くことが必要である。ノートは、学ぶための手段・方法だと認識して書き込むことの重要性を学習者に伝えておくことが望ましい。

　ノート指導と関連して、ノートやプリント、教科書などに線を引かせたり、

色を変えさせたりすることがある。これは、後から見直す際に大事なことを思い出せるような学習方略を、学習者に身に付けさせるための指導だといえる。また、大事なところとそうでないところを区別しようとする読み方をすることで深い読み方が身につくというように、学習プロセスの質を高めるための指導でもある。教師が、「この言葉は大事だから線を引いてください。」と指示する場合もあるだろうし、「この文章の中で、大事だと思うところに線を引いてください。」というように学習者が考える活動にする場合もある。こうした指導においても、線を引くこと自体が目的化しないように注意する必要がある。学習者にとって「どのような意義があるかわからないが、指示されたからとにかく線を引く」ということにならないように、線を引く意義を実感できるような指導を行うことが重要である。

　学校におけるICT環境整備の一環で、電子黒板、プロジェクター、大型ディスプレイなどの提示装置が設置された教室もある。電子黒板は、プロジェクタや大型ディスプレイとコンピュータを組み合わせた装置で、画面にタッチしてコンピュータを操作したり、電子ペンを使って、コンピュータの画面に線を引いたりできるようにしたものである。コスト面から考えて、黒板と同じ面積を確保することが難しい。また、画面に対する書き味が従来の黒板とは異なる。そのため、黒板の代わりに使うものというよりも、それぞれの特長を踏まえて使い分けたり、黒板と組み合わせて使われたりしている。

　電子黒板、プロジェクター、大型ディスプレイなどの提示装置は、文字、画像、映像など、視聴覚に訴えかける教材を大きく提示して授業をすることができる。こうした特長を活かしてどのような教育を行うとよいか、教育実践と研究が積み重ねられてきた。例えば、映像を用いた視聴覚教育や放送教育は、教室内では見て学ぶことができない事象を見せたり、言葉だけでは想像しにくい概念の理解を促したりできる。また、情意面に訴えかける映像のもつ力は大きいと考えられており、教育効果が期待されてきた。その一方で、学習には直接体験が必要で、映像を見てわかったつもりになってしまうことに対する批判もある。

そこで考えておきたいのは、直接体験だけでは実現できない学びが成立するために間接体験が寄与する可能性についてである。例えば、植物について観察して学ぶ場合、直接体験が重要だからということで、外に出かけ植物を観察するとする。もちろん、そのことで発見し、学べることもあると考えられるが、もし事前に映像で見るべき観点を与えたならば、直接体験で得られることが多くなるかもしれない。また、直接体験してきたことを言葉で表現して概念として理解する際に、映像を活用して理解を深めることで知の概念化を促進させることができると考えられる。

こうしたことを実現させるためには、直接見に行って体験したいと思えるような観点を与えるために、映像視聴による間接体験が活かされるように指導することが重要である。さらに、具体と抽象の往復を促し、往復できるように橋渡しをするために、視聴覚教育や放送教育において蓄積されて

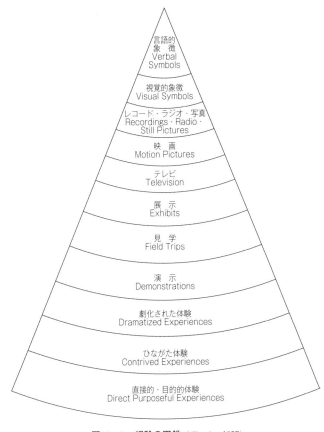

図14-1　経験の円錐（デール　1957）

きた知見を活かすことができるだろう。例えば、デール（1957）は、経験が具体と抽象のスケールの間にあることを「経験の円錐」というモデルで整理している（図14−1）。直接的目的的経験は「具体」で、言語的象徴は「抽象」であるが、その間には、テレビや演示など、段階があることを示している。直接体験と間接体験、具体と抽象を関連付け、往復させて学ぶ方法を考えるために、こうした知見を参考にすることができるだろう。

　大型の画面に何かを映し出して大勢の学習者に説明する際に、ちょっとした指導技術で学習者の理解を促進させる方法がある。それは、話す人が画面の近くで指し示しながら、聴衆と共同で注視する関係性を作って説明することである。また、見せたい部分を拡大したり、印を付けたりした上で、「ここを見てください」と指し示すといったように、できる限りの手を尽くすことが望ましい。教師が、わかりやすいだろうと考えて画面に映し出したとしても学習者が実際に見ているとは限らないし、伝わっているとは限らないからである。このように、視聴覚教育や放送教育を行う際に求められることになる指導技術についても考えてもらいたい。

5．授業改善のための机間指導

　授業中に学習者1人1人の学習活動の様子を見て回り、必要に応じて指導を行うことを机間指導という。もちろん、ただ歩き回ればよいわけではなく、目的をもって取り組まなければ、その意義は失われてしまう。意識しておくべき机間指導の目的には、どのようなことがあるだろうか。

　教師は授業をする際に教卓に資料を置き、板書したり、大型提示装置で教材を提示したりしながら説明することがある。その時間が長くなりすぎると、教師と学習者の関係性が一方通行のテレビ放送のようになってしまう。物理的な距離感は、心理的な距離感ともなり、授業の運営にも支障をきたすことになる。そうならないように、学習者1人1人に目を配り、信頼関係を構築することができる机間指導は、重要な指導技術といえる。

教室の中を歩き回り、よく観察していくと、教室の前で説明しているだけでは見えなかったものが見えてくる。例えば、教師が自分ではこれ以上ないくらいにうまく説明できたと思っていても、学習者は、その指示や学習内容に関する説明が理解できていないということがある。学習者の表情・振る舞い、ノートやワークシートなどの記述を見て伝わっていないとわかれば、それに対応することができるだろう。

　机間指導を行う際に、授業の内容についていけず、理解できていない学習者がいれば、個別に補足説明をするといったことができる。また、次に指名して発表してもらう人を探すことにも役立つだろう。学級全体の学習の質を高めるような、よい考えや表現方法をしている学習者に発表してもらえば、他の学習者の参考になる。それと同時に、発表者の自己効力感や学習意欲を高めることにもつながるだろう。

　教材動画を一斉視聴させている際に机間指導を行うことも考えられる。学習者の表情や目線を確認して、集中できているか確認するとともに、席によって映像の見え方や音声の聞こえ方が異なるかなど、学習者1人1人の反応を見て確かめた方がよい。表示の大きさ、画面への映り込みなどによる見えにくさがある場合には、見る場所を移動させるなど、対応することが望ましい。

　学習者が学習課題に取り組んでいる最中の机間指導では、指定した時間に対する作業の進捗状況やばらつき具合を確認することができる。場合によっては作業時間を延長することが有効な場合がある。その場合には、早く進んでいる学習者に対して別の課題を与えるといった対応をすることもできる。このように作業時間を延長した場合には、その後の活動を次回に回すといった時間調整を行うことになるだろう。

　協働学習を行う際には、うまく話し合いができているか確認することが重要になる。話し合っているように見えても、学習目標と関係がない話し合いになってしまっていることもある。目標を再確認したり、目的に沿った話に引き戻したりすることが必要になる場合もあるだろう。ある学習者が説得力のある発言をすると、他の学習者もそれに引きずられ、同調する発言が続くことがある。

多様な意見が出ず協働の意義が見いだせない状況に陥っている場合もあるだろう。そうした場合には、教師があえて異なる見方を提示して「本当にそうだろうか？」と問いかけ、ゆさぶりをかけることが有効な場合がある。また、「なぜそう考えたの？」と深掘りする質問を続けることによって思考を促すことも有効である。よい意見や話し合いの方法に対しては、価値付けることによって、協働学習をうまく進めることができる学習者を育てることができるだろう。

　机間指導を行う際には、議論を整理するワークシートや共同編集による制作物を見て、声をかけるかどうか判断することになる。支援が必要な学習者やモデルになり得る学習者を発見しやすくするためには、学習者の思考が可視化された記録を参照することが有効である。その場合、学習者用端末で行われている作業の状況をモニタリングすることによって得られる情報を参考にすることもできる。その際、学習者が何をどのように記録するとよいか、記録したものを後でどのように活かすかといったことを伝えることによって、机間指導の質を高めることができると考えられる。また、教師用端末に集中しすぎて、学習者を直接見ることが疎かにならないよう注意する必要があるだろう。

　授業づくりは、教師と学習者、学習者と学習者の相互作用によって行われるものである。その相互作用を望ましいものに調整していくためには、机間指導を行うことが必要である。形だけの見回りではなく、授業改善を目的とした指導技術として机間指導を実践することが重要である。

■■　6．個に応じた学び方と一斉指導の関連　■■

　1人1台情報端末を学習に活かすことができる環境となり、学習の手段を選択したり、カスタマイズしたりすることができるようになった。例えば、デジタル教科書を好む学習者と紙の教科書を好む学習者がいる場合に、自由に選ばせるとするなら1つの教室の中に混在することになる。デジタル教科書が、紙の教科書の代替としてしか使われないのであれば、それでもよいかもしれないが、全員がデジタル教科書を使った場合にしかできない実践のよさが失われて

しまう場合がある。教師用端末で学習者用端末の画面を分割表示・モニタリングして、指名に活かそうと思っても、紙に書き込んでいる学習者は別途対応しなければならない。こうした目的がある場合には、多少好みとは異なるとしても、全員が端末を使った方が学習効果を期待できる。

　カスタマイズということでいうと、デジタル教科書によっては、通常の白地に黒の文字だけでなく黒地に白の文字に表示を変更できたり、文字の大きさや画面の中に表示する文字数を変えたりできる機能もある。視覚より聴覚の能力が優位な学習者の場合には、デジタル教科書の音声読み上げ機能を使うことで内容の理解度が高まるかもしれない。個に応じてカスタマイズすることで、自分が得意な学び方を実現できる。一方、一斉指導で「何ページの何行目を見てください」と指示した場合に、情報端末で表示されているページ構成が異なると、同じ場所を開くことができているか確認することが難しくなる。その場合は、その時だけでも全員共通の画面を出すようにしてから説明をするといった工夫が必要になる。

7. 発問の種類

　学習において「問い」は重要な役割を果たす。問いは、「何だろう」「なぜだろう」「どうしてだろう」というように、興味・関心や疑問をもって知りたいと思う学習意欲と直結している。問いが生み出せる人は、自ら成長の機会を生み出せる人といってもよいだろう。学習者自身が問いを見つけることができるようにするためには、どのような指導が求められるのだろうか。教師自身が、興味関心をもって学ぶ姿をモデルとして提示することが有効だと考えられる。

　発問とは、学習内容について学習者に考えてもらうための問いかけである。問いの設定には、様々な方法がある。まず、人口減少・少子化の問題についてどのような問いの可能性があるか考え付く限り書き出してみてもらいたい。書き出した後、表14-1のように中井（2015）が紹介している「基礎知識」「比較」「動機や原因」「行動」「因果関係」「発展」「仮説」「優先順位」「総括」といっ

た観点の発問と比較してみてもらいたい。自分が考えた発問は、整理されている観点にあてはまるかあてはまらないか、また、自分が考え付かなかったような発問はあるか、確認してもらいたい。そうやって生み出された、たくさんの発問のパターンの中から、学習目標を達成させるための問いとして適したものを選択するとよいだろう。

　例えば、「出生率は、どのような計算式で求めることができますか？」と問うことによって、どのような教育活動が成立するだろうか。そもそも出生率とは何かといった基礎的な知識と向き合うことができるだろう。知らなかった人にとっては知る機会に、忘れている人には思い出す機会に、知っていた人にとっては確実な定着に役立つのではないだろうか。「都市と地方では人口減少にどのような違いがありますか？」という発問はどうだろうか。比較させることで、「都市と地方の違いって何だろう？　人口減少にどう関係するだろう？」と考えたり、調べたりするためのきっかけを与えることができるだろう。「なぜ人口減少が起きているのでしょうか？」という発問は、原因について考えるきっかけを与えてくれる。観察して仮説を立てることは、調べて学ぶことや実験・検証して学ぶことへとつながっていくだろう。「人口減少に対して国は何をすべきでしょうか？」というように、これからどのような行動をするとよいか考えさせる発問もある。課題の明確化、解決策の検討、根拠をもって判断することなどによって、態度が形成されると期待できるだろう。「都市への若者流入は、人口の増減にどのような影響を与えていますか？」といった発問はどうだろうか？　これは単に減少の原因を考えさせるのではなく、何らかの現象と人口の変動の関係性について考えさせる発問である。因果関係について考えることで、問題を発見したり、解決するための手掛かりを得ることができたりするだろう。「この授業で私が説明したこと以外に少子化の原因はありませんか？」と発展的な内容について考えさせる発問もできる。学んだことを振り返って理解を深めるとともに、他のことに考えを応用する力の育成につながるだろう。他にも「子育て支援が進めば、人口の減少が抑制されますか？」と仮説を設定した上で考えさせる発問の方法もある。様々な仮説を考えることができ

るが、その考え方のモデルを示す役割も果たす。さらに「少子化対策の中で最も有効な方法は何でしょうか？」という発問は、具体的な方法を考える中で優先順位を考えさせる。条件を比較しながら、根拠をもって考える力が身に付くだろう。また、「A市の少子化対策の事例からどのような教訓が得られますか？」と総括させるような問いも考えられる。学んだことの意義について教師が説明するよりも、学習者がその意義を実感できるのではないだろうか。

　以上のような多様な発問の種類を確認することで、同じテーマでも様々な問いを設定できるということや、問いの質によって得られる学びが変わってくるということを確認できたのではないだろうか。初めに考えてもらった発問は、ここで紹介したいずれかのパターンにあてはまっただろうか？　自分が考えた発問とは別のパターンの発問も考えて、どれがよいか検討することで、発問の質を高め、また、ここにはない発問の種類についても考えてみてもらいたい。さらに、教師が発問を練り上げるこうした方法を用いて、学習者が自分で問いを生み出す活動を設定することも有意義であろう。

表14-1　様々な種類の発問 (中井　2015)

基礎知識	「出生率はどのような計算式で求めることができますか？」
比較	「都市と地方では人口減少にどのような違いがありますか？」
動機や原因	「なぜ人口減少が起きているのでしょうか？」
行動	「人口減少に対して国は何をすべきでしょうか？」
因果関係	「都市への若者流入は、人口の増減にどのような影響を与えていますか？」
発展	「この授業で私が説明したこと以外に少子化の原因はありませんか？」
仮説	「子育て支援が進めば、人口の減少が抑制されますか？」
優先順位	「少子化対策の中で最も有効な方法は何でしょうか？」
総括	「A市の少子化対策の事例からどのような教訓が得られますか？」

　発問を行う際、提示資料との組み合わせも工夫したい。例えば、人口減少の経年変化のグラフを提示しながら、「この後、グラフはどう変化するでしょうか？　それはなぜでしょうか？」という発問を投げかけるとする。予測して根拠を説明する場合に、これまでにあった変化は何が要因となっているのかを調

べて参考にすることになるため、グラフや資料を調べたり、読み解いたりする力が身に付くと期待できる。提示できる資料は、グラフだけではないだろう。写真やイラストを提示する場合もある。「何の写真かわかりますか？　なぜこうなったのでしょう？　この後どうなると思いますか？」といった発問によって、「見ること」の力を育むことができるだろう。

　発問には、学習者の思考を促し、さらなる探究へと誘う効果を期待できるが、そこで求められる指導技術もある。問いを投げかけ、指名をすると、学習者が黙ってしまい返答がない場合や、思ったような回答が得られない場合がある。指名されると思っていなかった場合は、よく問いを聴いておらず、何を回答すればよいかわかっていない場合もあるため、もう一度問いの内容を確認するとよい。それでも返答がない場合は、考えている最中か、緊張して頭が真っ白になっている場合もあるため、一旦「他の人にも聞いてみようか、その間に考えてみてね」「一度、隣の人と話して考えてみよう」と考える時間を作ることも有効であろう。

　それでも返答がない場合には、個別具体的に、何が問題になっているか相談することが望ましい。「間違うと恥ずかしいので、黙っている方が嫌な思いをしなくて済む」「わかりませんと答えれば解放される」というように傷つかないための処世術が、思考停止状態を生んでいる場合もある。

　学習者の発言によって授業は作られるため、授業の質を高めるために発言が必要不可欠であることを説明したり、学級全体で発言しやすい状況を作るためにはどうしたらよいか学級全体で考えたりする必要があるかもしれないが、発言によって学習の深まりや自己効力感の高まりを感じられる実践となるように心がけていくことが必要である。

【引用文献・参考文献】（URLは、2023年7月15日確認）
中井俊樹（2015）「発問で思考を刺激する」中井俊樹（編）『アクティブラーニング（シリーズ大学の教授法　3）』玉川大学出版部
デール，E.（著）・西本三十二（訳）（1957）『デールの視聴覚教育』日本放送教育協会

15

学習指導案の作成

【本章の概要】 本章では、「教育の目的に適した指導技術を理解し、身に付ける」ために「基礎的な学習指導理論を踏まえて、目標・内容、教材・教具、授業展開、学習形態、評価規準等の視点を含めた学習指導案を作成する」方法について学ぶ。

【教育方法について考える】 研究授業を行う予定の教師になったつもりで考えてみよう。所属している学校は、「ICTを活用した主体的・対話的で深い学び」を研究テーマにしている。どのような実践を行うとよいだろうか？　ここまで学んできたことを活かして、学習指導案を作成してもらいたい。

1. 学習指導案とは

　学習指導案は授業実践の設計図にあたるもので、教師が学習者に対して行う指導の計画について書かれたものである。何の計画もなく実践するよりも、計画を立てて実践した方が、実践の質を高めることができるだろう。事前に計画を立てておけば、実践中に目的がずれることや時間内に終わらないといったことを防ぐことができる。また、実践後に振り返り、授業改善を行おうとする際に、学習指導案があることによって、よかった点や改善点を発見しやすくなる。作成するのは手間がかかるが、授業を望ましいものにするための事前検討を行ったり、事後検討を行ったりするために役に立つ。

　学習指導案は、教師が授業改善のために作成するものであるが、教師自身が見るためだけに作成するものではない。例えば、同じ学年の教師、専門とする教科が同じ教師、実績のあるベテラン教師、または、教育委員会の指導主事や大学で教育に関する研究に従事している研究者などに助言してもらうために作成する。多様な視点から助言してもらうことで、自分では見えていなかった課

題を発見し改善することができる。事前、実践中、事後、それぞれのタイミングで、学習指導案があるからこそ共通のものを複数の目で確認し、アイデアを出し合うことができるようになる。そのため、学習指導案は、教師自身しか解読できないメモ書きでは都合が悪い。助言してもらうためには、読んでもらう人に実践の意義や魅力、工夫点が伝わるように書くことが望ましい。

　学習指導案の内容や形式は、地域や校種や学校ごとに異なるものの、目標・内容、教材・教具、授業展開、学習形態、評価規準等の情報は共通して必要とされている。ここでは、東京都教職員研修センターのWebサイトに公開されている「学習指導案のページ」を参考にして、具体的な項目を抽出し、その説明を表15−1に整理した。東京都教職員研修センターのWebサイトを含め、公開されている学習指導案の見本や実例を参考にしながら、自分の学習指導案を作成してもらいたい。

2．授業設計の考え方

　学習指導案の作成にあたり、具体的に授業を設計する際には、インストラクショナルデザイン（以下、ID）の考え方が参考になる。IDとは、「教育活動の効果と効率と魅力を高めるための手法を集大成したモデルや研究分野、またはそれらを応用して学習支援環境を実現するプロセスを指す」（鈴木　2005）。IDが目指していることは、学習者にとって最適な学習環境を構築して学びを支援することである。様々な用途に活用されるが、学校教育における授業設計・実施・評価・改善を行う上でも使うことができる。

　IDに関する研究者である鈴木克明の代表的な著作に『教材設計マニュアル─独学を支援するために』がある（鈴木　2002）。この書籍には、「独学を支援する教材」を開発するために、様々なID理論を取り入れた手順や留意点が書かれている。その中でも書かれているように、後から補足説明ができない「独学を支援する教材」は、補足説明ができる「授業」よりも厳しい条件で検討することが必要であり、その方法は授業づくりにも活かされると考えられる。そこ

表15－1　学習指導案に含まれる項目

項 目	説 明
指導案タイトル	「第6学年理科学習指導案」というように、タイトルを付ける。
日時	「令和○年○月○日（○）第○校時○:○〜○:○」というように、日時を書く。
対象	「第○学年○組○名」というように学習者の情報を書く。
学校名	「○○小学校」というように学校名を書く。
会場	「理科室」というように実践する場所を書く。
授業者	実践者の名前を書く。
単元名	「人や動物の体（学校図書）」というように、単元名と教科書会社名を書く場合がある。
単元の目標	単元の学習を通じて学習者に身に付けさせる目標を書く。
単元の評価規準	「ア 知識・技能」「イ 思考・判断・表現」「ウ 主体的に取り組む態度」という3つの観点から学習到達目標を書く。表の形式で書くことが多い。
指導観 （1）単元観	学習指導要領との対応を踏まえ単元設定の理由を書くとともに、単元の内容や特徴、指導の在り方について書く。
指導観 （2）児童観（生徒観）	意欲的に学習に取り組めるか、何に取り組んできたか、苦手なことは何かなど、学習者の実態について説明する。事前に実態を把握するアンケートを行った結果などを付ける場合もある。
指導観 （3）教材観	使用する教材・ワークシート・ICTの活用について書く。
年間指導計画における位置付け	校種・学年に関わらず、他の単元や他の教科・領域とのつながりについて書く。
単元の指導計画と評価計画	全何時間か書いた上で、表の形式で「時」「目標」「学習内容・学習活動・発問、説明、指示、予想される学習者の反応」「評価規準・評価方法」といった項目の列を作り、単元の流れを書く。
本時 （1）本時の目標	本時の学習到達目標を書く。
本時 （2）本時の展開	表の形式で「時間」「学習内容・学習活動・予想される学習者の反応」「指導上の留意点・配慮事項」「評価規準・評価方法」といった項目の列を作り、本時の流れを書く。学習者に提示する学習の目標や、主たる発問については、枠で囲って示す場合がある。
本時 （3）板書計画	黒板のどこに何を書くかについて、図で描く。
本時 （4）授業観察の視点	授業を評価するために授業中に何を観察・確認するとよいか書く。授業の目標が妥当であったか、学習活動やICTの活用などが適切であったか、評価規準や方法が適切であったかなど、授業後の協議・検討の際にも活かされる視点を書く。

で、ここでは、鈴木（2002）が「教材開発」として紹介している内容を「授業開発」と読み替えてベースにしつつ、一部、森下（2019）によって整理された内容も取り入れ、授業設計の手順と留意点を整理する。

　授業は、計画（Plan）し、実践し（Do）、評価（See）し、評価から計画に戻るサイクルを繰り返して改善する必要がある。その授業設計・開発の手順には、「出入り口を決める（学習目標とテスト）」「中の構造を見極める（課題分析）」「教え方を考える（指導方略）」「授業を作る（授業開発）」「授業を改善する（形成的評価と改善）」という5つのプロセスがある。

（1）　出入り口を決める（学習目標とテスト）

　1960年代にメーガーは、授業設計を行う際、教育内容や方法の検討から入るのではなく、「誰に何を学んでほしいのか」ということ、つまり、学習目標を決めることの重要性を指摘している（鈴木　1995）。それは、「Where am I going?（どこへ行くのか？）」「How do I know when I get there?（たどりついたかどうかをどうやって知るのか？）」「How do I get there?（どうやってそこへ行くのか？）」という「3つの質問」として提案されている。

　目標を設定して、目標が達成できたか評価する方法を考えた上で、どうすればその目標を達成できるのか検討する。つまり、目標に合致した教育方法を選択する考え方である。これは、あたり前のことのようにも感じられるが、この考え方が浸透していない実態も見受けられる。例えば、シンキングツール、ICT、協働学習など、近年、そのよさが紹介された際、方法を取り入れることが優先され、学習の目的を達成できていない事例が散見された。そうならないために、3つの質問に立ち返り、「教育方法は、学習の目的によって選択されるべきものである」ということを再確認することが重要である。

　学習目標は、学習者の行動目標として書かれていることと、評価条件や合格基準が明確になるように書かれていることが求められる。そして、その授業が学習者に適しているか「事前テスト・事後テスト」「前提テスト」で確認する。事前テストは、学習者が「授業で学ぶ必要があるかを確かめるテスト」で、事

後テストは学習者が「学習目標に到達できたかを確かめるテスト」である。前提テストは、授業で学ぶだけの準備ができているかを確かめるテストである。学習内容によっては、既習事項がないと理解できないものがあるため、それを確認するためのものである。テストといっても必ずしもペーパーテストである必要はなく、授業の流れの中で問いかけて、答えることができるかを確認する方法もある。

（2） 中の構造を見極める（課題分析）

　授業を導入・展開・まとめに分けた場合に、展開での学習活動において、学習者は学習課題に取り組む。教師には、学習者が学習目標に到達するために必要な要素とその関係を明らかにするために課題分析を行うことが求められる。課題分析は、ガニェによる学習成果の5分類「言語情報」「運動技能」「知的技能」「認知的方略」「態度」に応じて異なる手法が提案されている（森下　2019）。

　名称や単語など指定されたことを覚える「言語情報」に関する学習課題は、覚えることを関連付けたり区別したりする「クラスター分析」をして構造を捉えるとよい。体の一部を動かす「運動技能」に関する学習課題は、ステップに分解して必要な言語情報・知的技能と順序を整理する「手順分析」をして構造を捉えるとよい。既に学んだ概念や法則を他のことに応用する「知的技能」に関する学習課題は、基礎と応用の順序性がわかるように整理する「階層分析」をして構造を捉えるとよい。既に学んだ学び方や考え方を活かす「認知的方略」に関する学習課題は、知的技能と同様に、基礎と応用の順序性がわかるように整理する「階層分析」をして構造を捉えるとよい。個人的な選択や行動を方向付ける気持ちをもつ「態度」に関する学習課題を捉えるための確立した分析方法はないが、「クラスター分析、手順分析、階層分析」を組み合わせ、態度表明に必要な知的・運動技能を整理して捉えるとよい。

　こうした学習課題の分析を行い、必要とされる要素と構造を捉え、学習目標に対する課題の規模を確認する。必要に応じて、課題の数を減らしたり、課題を2つに分けたり、順序を変えたりといった調整をすることになる。

（3） 教え方を考える（指導方略）

　学習課題は、複数のステップから構成されることが多い。その学習活動の最小単位の塊（チャンク）それぞれに対して、教え方の計画（指導方略）を準備する。学習課題の種類によって、必要とされる指導方法は異なる。どのような情報を提示するか、どのような例を示すか、どのような練習をさせるか、どのように確認するかなど、課題ごとに考えておく必要がある（鈴木　2002, 森下　2019）。

　言語情報に関する学習課題は、「覚えるべきことは全て提示する」「分類・整理して覚えやすくする」「既習事項との共通点・相違点を示す」「比喩を使って説明する」「不確実なものを重点的に練習させる」などの方法が考えられる。

　運動技能に関する学習課題は、「体を使った練習を繰り返す」「ステップごとにポイントを示して習得させる」「補助付きで実演させた後、補助を外して実演させる」「イメージトレーニングさせる」などの方法が考えられる。

　知的技能に関する学習課題は、「一度使った例は使わないようにする」「単純な例でルールや概念を説明してから難易度を徐々に高める」「基本的な例から複雑な例へ進ませる」「練習でつまずいた時は、誤りの種類に応じて一段下の課題に戻って方法を確認する」などの方法が考えられる。

　認知的方略に関する学習課題は、「学習のコツを新しい場面に使う経験を積み重ねる」「どのように学んだのか、学びの方法を振り返る」などの方法が考えられる。

　態度に関する学習課題は、「モデルとなる人間の姿と選択行動を示し、観察学習による代理体験のメカニズムを活用する」「自分ならどうするかを疑似体験させる」「態度を行動化する知識や技能を教える」「これまでの自己の体験と結び付ける」などの方法が考えられる。

（4） 授業を作る（授業開発）

　ここまでに検討してきた、学習目標、学習課題、指導方略などについて、学習指導案を作成する。授業で新しい知識や技能を習得することを支援するための枠組みとして、1970年代にガニェが提案した「9教授事象」が参考になる

（鈴木　2002）。1コマの授業を導入・展開・まとめに分けた時、導入で行う「学習者の注意を喚起する」「学習目標を知らせる」「前提条件を確認する」という事象、展開で行う「新しい事項を提示する」「学習の指針を与える」「練習の機会を設ける」「フィードバックをする」という事象、まとめで行う「学習の成果を評価する」「保持と転移を高める」という事象である。学習を支援するために、1つ1つが目的をもったものであり、これらを意識して授業を設計することによって、必要な学習活動が漏れることを防ぐことにもつながる。

　学習目標に達していない学習者を、授業後には目標を達成できるように導くことが授業の役割である。そのためには、魅力的な授業を行うことで「学びたい」と思えるようにする動機付けが重要になる。動機付けには、報酬を与えてやる気を出させる「外発的動機付け」と、活動そのものが学びたいという気持ちにさせる「内発的動機付け」とがある。ケラー（2010）は、こうした動機付けに関するモデルとして、1984年に初めて「ARCSモデル」を提案した。これは、授業や教材を魅力あるものにするためのアイデアを4つの側面に整理したものである。Aの「Attention」は、注意を引き付ける、おもしろそうだなと思わせることである。Rの「Relevance」は、自分と関連性があってやりがいがありそうだなと思わせることである。Cの「Confidence」は、自信をもたせ、やればできそうだなと思わせることである。Sの「Satisfaction」は、満足感があり、やってよかったなと思わせることである。これらの要素が含まれるように実践を計画することが望ましい。

（5）　授業を改善する（形成的評価と改善）

　授業を設計して実践する前の段階、つまり指導案を作成している段階で、その授業がうまくいきそうかどうか協力者に確認してもらうなどの形成的評価を行い改善する。「学習目標」「学習課題」「指導方略」が適しているか、それらの整合性はとれているかを評価し、何かを加えたり、削ったり、移動させたり、変更したりといった修正を行う。また、計画に従って実践を行い、うまく進められているか学習者の反応や成果物などから形成的評価を行い、途中で軌道修

正することもある。授業実践後には、総括的評価を行い、改善を行う。

　以上のように、学習指導案を作成する際には、ID理論に関する様々な知見が役立つと考えられる。ここで取り上げた以外にも、授業設計や授業改善を進めるために、多くのID理論を参考にしてもらいたい。

3．望ましい教育方法の在り方を考える

　「ICTを活用した主体的・対話的で深い学び」を研究テーマにしている所属校での研究授業を行う場合、ICTを使う方法ばかりに気をとられ、学習目標を見失ってはならない。先に述べたように、授業設計を行う際には教育内容や教育方法の検討から入るのではなく、学習目標を決めることが重要である。

　その上で、「だからといって、教育内容や教育方法の検討を軽視してよいわけではない」というように考えてもらいたい。目標が明確になったならば、そのために、どのような教育内容と教育方法が望ましいか、考えることが重要である。具体的な教育方法を考えていくにあたって、既に実績のあるものから選択することもあるだろうし、新しい方法を生み出すこともあるだろう。とりわけ、ICTなどの発達による学習環境の変化は、教育方法の可能性を広げると期待されている。

　例えば、教師は授業支援システムを用いて、ワークシートを学習者の端末に配布する。学習者はデジタル教科書、資料集、図書、学習漫画、動画教材、マルチメディア教材、インターネット検索、専門家や他の学習者への聞き取りなどから学ぶことを通じてワークシートに考えをまとめる。学習者は共有された他の学習者のワークシートを自分の情報端末で見て、自分とは異なるものの見方・考え方、表現の仕方から学ぶ。教師は、教師用の端末で学習者の記述を確認しながら、誤りを指摘したり、よい調べ方、まとめ方を学級全体で共有したり、学習者に他者との考え方の違いを比較させたりする。

　学習者は、授業時間に学べたことや疑問をデジタルワークシートに記入する。

教師はそれを情報端末で確認して、学習者の成長やクラス全体で共有すべきこと、個別に支援が必要なことなどを把握し、対応する。学習者がもっと調べたいと思ったことは、授業時間外、家庭学習の時間を使って取り組む。教師は学習の過程を把握し、資料を提供するなど、学び方に関して助言する。

さらに、教科に関わる知識や技能を習得したら終わりということではなく、それをきっかけとして興味をもち、もっと学びたいと思ったことを探究して、新しい知を生み出す授業を展開する。学習者が身に付けた「情報端末を活用した学び方」を活かせるように、教師は個に応じた指導を行う。

このような教育方法は、「教科書に書かれている内容を教師が解説し、学習者は板書をノートに書き写しながら学ぶ」という知識習得に重きをおいた一斉授業があたり前だった時代には、実現できなかった学びの要素が含まれている。しかし、ICT環境が整いその活用が蓄積されていく中で、このような教育方法があたり前のように行われるようになった学級もある。教育方法が変化したことで、新たに得られる学びの要素もあれば、失われる要素もあると考えられる。これからの学習者に必要とされる学びの要素を得るためにはどうしたらよいか、失われる要素について対応する必要があるかどうかを検討することも重要であろう。新しい方法が必ずよいとは限らないし、これまでよいと思っていた方法がよいとも限らない。実践を積み重ね、教育方法について探究することを通じて、学習者の学びを支援するために何が望ましいかということを考え続けてもらいたい。

【引用文献・参考文献】（URLは、2023年7月15日確認）

ケラー，J．M．（著）・鈴木克明（監訳）（2010）『学習意欲をデザインする―ARCSモデルによるインストラクショナルデザイン』北大路書房

森下　孟（2019）「設計の実際(2)　深い学びを導く教材研究」稲垣　忠（編）『教育の方法と技術―主体的・対話的で深い学びをつくるインストラクショナルデザイン』北大路書房

鈴木克明（1995）『放送利用からの授業デザイナー入門―若い先生へのメッセージ』財団法人日本放送教育協会

鈴木克明（2002）『教材設計マニュアル―独学を支援するために』北大路書房

鈴木克明（2005）「e-Learning実践のためのインストラクショナル・デザイン」『日本教育工学会論文誌』29（3），pp.197 – 205

東京都教職員研修センター「学習指導案のページ」https://www.kyoiku-kensyu.metro.tokyo.lg.jp/08ojt/helpdesk/plans/index.html

事 項 索 引

あ　行

ICT　3, 108
ICT支援員　104
ICT活用教育アドバイザー　103
ICT活用指導力　68
ICT環境　91, 96
アクティブ・ラーニング　32
アシスティブ・テクノロジー　88
EBPM (Evidence Based Policy Making)　129
eポートフォリオ　60, 70
e-learning　132
一斉学習　74
一斉指導　178
インストラクショナルデザイン　184
インターネット環境　99
運動技能　62, 187
ARCSモデル　189
ALT (Assistant Language Teacher)　134
LMS (Learning Management System)　136
遠隔・オンライン教育　131
遠隔教育　86
遠隔教員研修　136
OHC (Over Head Camera)　99
大型提示装置　98
オープンスペース　48
音声教材　84
オンデマンド型授業　86, 132, 133
オンラインミーティングツール　132

か　行

階層分析　187
外発的動機付け　189
学習意欲　177
学習課題　188
学習環境　45, 47
学習観　22, 39, 46
学習形態　184

学習指導案　183
学習指導要領　16, 19, 29, 43, 146
学習指導要領解説　43
学習者　45
　　——の存在　46
学習集団　51
学習の基盤となる資質・能力　91, 146
学習の個性化　71
学習評価　64
学習方略　175
学習目標　62, 187
学習履歴（スタディ・ログ）　72
学生　45
拡大教材　84
学力観　19, 23
カスタマイズ　179
仮説実験授業　25
課題分析　187
学級　51
学級図書　48
学級文化　49, 75
学校　44
学校間交流学習　138
学校管理規則　43
学校教育法　43
学校教育法施行規則　43
学校教育　19, 45
学校DX戦略アドバイザー　103
学校文化　49
活用　70
家庭学習　112, 164
カリキュラム・マネジメント　30, 149, 152, 165
考え方　41
間接体験　175
完全習得学習　25
観点別学習状況の評価　65
観点別評価　32

GIGAスクール構想　93
GIGAスクールサポーター　104
机間指導　127, 170, 176
基礎基本の習得　39
9教授事象　188
教育課程　29
教育観　22, 39, 46
教育基本法　43
教育支援センター（適応指導教室）　135
教育データ　119, 121
教育　18
教育の情報化　67, 91
教育の目的　44
教育の情報化に関する手引（追補版）　145
教育方法　22, 186, 190
教育用コンピュータ　98
教科・領域の指導におけるICT活用　67
教具　108
教材　108
　　　――の提示　109
教材・教具　184
教職課程コアカリキュラム　13
協働学習　71, 74, 127, 177
協働制作　113
協働的な学び　71, 74
協働での意見整理　113
共同編集機能　113
クラウドサービス　100
クラスター分析　188
グループウェア　125, 132
経験の円錐　176
KJ法　25
掲示物　48
形成的評価　64, 189
健康を害するような行動　162, 164
言語情報　62, 187
言語能力　91
顕在的なカリキュラム　49
合同授業　132
校内ネットワーク　100

校務支援システム　102, 120, 125
校務の情報化　67, 125
合理的配慮　80
交流学習　114
黒板　173
誤情報　162
個人内評価　56
個に応じた学び　178
個別学習　71, 74
個別最適な学び　74
個別指導　127

さ　行

CBT（Computer Based Testing）　69
視覚障害　84
視覚補助具　84
時間配分　171
ジグソー学習　25
思考・判断・表現　32, 65
思考力・判断力・表現力等　31
思考を深める　111
自己効力感　177, 182
自己調整　71
事後テスト　186
自己評価　60
資質・能力　3, 16, 31, 74
指示　170, 171
事前テスト　186
視線入力装置　85
肢体不自由　85
実物投影機　99
視聴覚教育　174
児童　45
指導観　22
指導技術　118, 169, 170
指導資料・事例集等　43
指導の個別化　71
指導方略　188
指導要録　57
指名　170, 177

社会基盤（インフラストラクチャー）　77
社会に開かれた教育課程　29
自由記述の問題　58
集団に準拠した評価　56
習得　70
授業　41
授業改善　32, 156
授業開発　188
授業支援システム　100
授業設計　138, 184
授業づくり　117, 178, 184
授業展開　184
主体的・対話的で深い学び　16, 20, 32, 74
主体的な学び　33, 70
主体的に学習に取り組む態度　32, 65
肖像権　164
情報活用能力調査　153
情報活用能力　83, 91, 144
情報活用の実践力　145
情報教育　67, 144
情報社会に参画する態度　145
情報セキュリティ　126, 147, 162, 164
情報通信技術　3
情報の科学的理解　145
情報モラル　91, 147, 157
情報漏洩　164
書画カメラ　99
触覚教材　84
真正の学び（オーセンティックな学び）　59
診断的評価　64
信憑性　164
生活・健康面の記録（ライフ・ログ）　72
生活指導　123
生徒　45
絶対評価　55
　狭義の——　56
説明　171
潜在的なカリキュラム　49
選択回答式（客観テスト）の問題　58
前提テスト　186

総括的評価　64, 190
相互作用　117
相互評価　60
相対評価　55
Society 5.0　68, 93

た　行

大学入学共通テスト　156
態度　62, 187
対話的な学び　33, 70
探究　70
探究的な学び　39
知識・技能　31, 32, 65
知的技能　62, 187
知的障害　86
中央教育審議会　20, 71
抽象　176
注視　176
聴覚障害　85
調査活動　110
直接体験　175
著作権　164
DX　103
ティーム・ティーチング　25
適性処遇交互作用（ATI）　25
デジタル教科書・教材　87, 101, 117
手順分析　187
テレビ会議システム　101
電子黒板　174
点字ディスプレイ（ピンディスプレイ）　85
問い　179
統計　147
同時双方向型授業　86, 132
特別教室　47
特別支援教育　79
ドリル学習　110

な・は行

内発的動機付け　189
なりすまし　164

偽情報　162
日本国憲法　43
認知的方略　62, 187
ノート指導　173
ハイブリッド型授業　133
ハイフレックス型　133
バズ学習　25
発見学習　25
発達障害　87
発達段階　159
発表　112
発問　171, 180
話し合い　112
パフォーマンス課題　58
パフォーマンス評価　59
板書　170, 173
板書計画　173
反転授業　136
範例学習　25
PDCAサイクル　93, 123
評価　54, 170
評価観　56
評価基準　57
評価規準　57, 184
表現・制作　111
病弱　86
深い学び　33, 70
普通教室　47
フューチャースクール推進事業　74
プライバシー　120
ブレーンストーミング　25
ブレンディッドラーニング　132

ブレンド型　133
プログラミング教育　102
プログラミング的思考　147
プログラム学習　24
プロジェクトメソッド　24
分教室（院内学級）　135
分散型　133
放送教育　174
ポートフォリオ評価　60

ま　行

学びに向かう力・人間性等　31
学びのイノベーション事業　75
学びの共同体　52
見方・考え方　70
見ること　183
メタ認知　60
メディア　70
メディア・リテラシー　76, 153, 154
目標・内容　184
目標に準拠した評価　56
モニトリアル・システム　25
ものの見方　41
問題解決学習　24
文部科学省検定済教科書　45, 116

や・ら　行

有意味受容学習　25
ラーニングマネジメントシステム　132
ルーブリック評価　58
レディネス　64

人名索引

アロンソン　25
板倉聖宣　25
オーズベル　25
オズボーン　25
ガニェ　187, 188
川喜田二郎　25
キルパトリック　24
クロンバック　25
ケッペル　25
ケラー　189
スキナー　24

デール　176
デューイ　24
ハインベル　25
フィリップス　25
ブルーナー　25
ブルーム　25
ベル　25
メーガー　186
ランカスター　25
ワーゲンシャイン　25

著者紹介

中橋　　雄（なかはし　ゆう）

日本大学文理学部教育学科教授
1975年生まれ。関西大学大学院 総合情報学研究科 博士課程後期課程
修了・博士（情報学）。福山大学 専任講師、武蔵大学准教授・教授を
経て2021年度より現職。
専門分野は、教育方法学、教育工学、メディア・リテラシー論。日本
教育メディア学会 第10期会長。
主な著作に単著『【改訂版】メディア・リテラシー論—ソーシャルメ
ディア時代のメディア教育』（北樹出版）、編著『メディア・リテラシ
ーの教育論—知の継承と探究への誘い』（北大路書房）、編著『メディ
ア・リテラシー教育—ソーシャルメディア時代の実践と学び』（北樹
出版）、共編著『情報教育・情報モラル教育（教育工学選書II）』（ミ
ネルヴァ書房）、共著『主体的・対話的で深い学びの環境と ICT —ア
クティブ・ラーニングによる資質・能力の育成』（東信堂）などがあ
る。

学びが生まれる場の創造──教育方法・ICT 活用論

2023年11月15日　初版第1刷発行

著　者　中橋　　雄

発行者　木村　慎也

印刷　恵友社・製本　和光堂

発行所　株式会社　北 樹 出 版

〒153-0061　東京都目黒区中目黒1-2-6
URL:http://www.hokuju.jp
電話（03）3715-1525（代表）　FAX（03）5720-1488

ISBN 978-4-7793-0726-3